아무렇습니다, 한국어

작가 라기엔

아무렇습니다, 한국어

뻔하지 않게 뻔뻔하게 읽힌다

여는 말

이 책은 [계기]—[착상]—[해소]—[부속]이라는 네 부분이 한 묶음으로 이루어졌습니다. 딱 맞아떨어지는 비유는 아니 겠지만, 독자들은 이 책을 [정식]—[샐러드]—[디저트]—[군 것질]처럼 여겨 주면 좋겠습니다. 몹시 배가 부르면 몇 가지 음식들은 몇 숟갈 뜨는 둥 마는 둥 하며 넘어가기도 하는 것 처럼 그렇게 이 책을 읽으면 되겠습니다. 각각의 묶음들이 서로 깊게 연관되어 있거나 하진 않기에 끌리거나 원하는 부 분만 골라 읽는 것만으로도 이 책을 충분히 즐길 수 있습니 다. 듬성듬성 읽히는 것, 이 책의 역할은 그것만으로도 다한 것이나 마찬가지인 거죠. 읽는 이로 하여금 강박증이 샘솟도 록 하거나 죄책감을 심어 주는 임무 따위가 이 책에 주어졌 을 리 없습니다. 이 책은 심지어 읽는 순서를 정하지도 않았 습니다. 여러 묶음들은 그 어떤 원칙에도 따르지 않고 자유

분방하게 나열되었습니다. 그 흔한 가나다순에도 순순히 따르지 않습니다. 이는 아무 데나 펼쳐서 쭈욱 훑어보다가 내키는 곳이 나타나면 눈길을 멈춰 거기서부터 읽기 시작하더라도 무방하다는 뜻입니다. 음식을 먹을 때 순서를 지켜 차곡차곡 먹는 것도 한 가지 방법은 될지언정, 그게 꼭 옳은 것만은 아닙니다. 때론 허기에 지쳐 닥치는 대로 아무거나 허겁지겁 먹는 경우도 있으니까요. 네, 이 책은 여기에서 말하는 그 아무거나가 맞습니다. 때문에 다 읽고 난 후 속이 메슥거리고 탈이 나더라도 이 책은 책을 읽은 여러분에게 조금도 미안해하지 않을 겁니다. 과연, 이것이야말로 '아무거나'로서의 진정한 태도입니다. 아주 뻔뻔한 책이죠. 그래서 뻔한 책으로 추락하게 될 위기를 가까스로 모면했습니다. 이건 정말이지 다행스러운 일이지 뭡니까?

책에 관한 단상(斷想)

책은 얌체입니다

저는 책보다는 차라리 텔레비전이 더 선량하고 겸손하다고 여깁니다. 텔레비전이 늘상 외치는 말이 있습니다. '텔레비전 그만 쳐다보고 책 좀 읽어!' 텔레비전은 책 좀 읽으라고 역성입니다. 그에 반해서 책은 책 그만 읽고 텔레비전 좀 쳐다보라고 하지 않습니다. 책은 텔레비전이 해대는 말을 토씨 하나 틀리지 않고 그대로 받아 적어서 말합니다. '텔레비전 그만 쳐다보고 책 좀 읽어!'라고요. 저는 합리적으로 생각하는 인간이기에 당연히 텔레비전을 열심히 바라봅니다. 그래야만 책 읽을 생각이 나거든요. 책만 봐서는 도무지 책을 어째서 읽어야 하는지 뚜렷하지가 않더라 이 말씀입니다.

책은 맛입니다

책은 맛으로 봅니다. 책이라는 건 눈으로 보는 거라고 줄곧 믿어 왔다면 크게 실수한 겁니다. 눈으로 볼 건 따로 있습니다. 위에서 언급했던 텔레비전, 스마트폰, 타블렛 등 각양각색의 영상매체에 나눠 줄 시선이 모자란 이 마당에 책을 볼 겨를이 있을 리 만무합니다. 책은 보는 맛이 없습니다. 헷갈리지 마십시오. 책은 맛으로 보는 겁니다.

책은 맛으로 만집니다. 책 하나만 며칠씩 붙들고 늘어지다가 기진맥진한 경험들 다들 있을 겁니다. 그렇게 밤낮없이 고생고생하며 읽어 봤는데, 정작 손에 잡히는 건 가물가물하기만 하니 실망이 이만저만이 아니었을 줄로 압니다. 우리가 손에 뭐라도 묻혀 보려고 햇살에 반짝이도록 검은 머리카락을 지닌 아이의 머리를 쓰다듬는 건 아니잖습니까? 이와는 반대로 책에 자신의 손때를 묻히려고 시도하는 분들도 있다더군요. 저는 소문으로만 들어서 직접 확인하지는 못했습니다. 책 아무리 만져 봤자 아무런 맛이 없습니다. 먼저 맛이 느껴져야 여러분의 손을 책장에 묻힐 수 있습니다. 책 속에 손을 깊숙이 넣어 보거나 담그지는 마십시오. 위험한 행동입니다. 책에 빠지면 아무도 꺼내 주려고 하지 않습니다. 책에 몰입한 사람을 구하겠다고 같은 책에 함부로 뛰어드는, 괜한

만용을 부렸다가 함께 빠져서 익사하는 경우가 있다더군요. 이 얘기도 소문만 들어서 알게 되었습니다. 단지 상상하는 것만으로도 끔찍합니다.

책은 맛으로 맡습니다. 한약방을 자주 지나치는 분들이라면 금방 알 겁니다. 콧구멍을 벌름거리며 한약 냄새만 몇 번 맡아도 몸이 더 가뿐해지고 건강해지는 기분, 그러나 그런 거 함부로 하면 큰일 납니다. 저 역시, 이게 얼마나 못 할 짓인지도 모르고 한동안 그러고 다녔습니다. 그런데 어느 날 구역질이 나기 시작했습니다. 뱃속이 메슥거리는 게 심상치가 않았습니다. 모르는 척하고 한약방에 들어가 지금 달이는 약재가 무엇에 쓰는 거냐고 물었습니다. 돌아온 대답은 '애 잘 들어서는 약'이었습니다. 하마터면 큰일 날 뻔했습니다. 저는 남자란 말입니다. 앞으로도 계속 그럴 작정이라고요. 이래서, 책을 냄새 맡아서 맛보려 하는 건 금물입니다. 대신 맛으로 냄새 맡는 건 얼마든지 괜찮습니다.

책은 맛으로 듣습니다. 바로 이 맛에 동화책을 여태껏 읽어 왔던 거 아니겠습니까. 우리 부모님들과 형제자매는 우리한테 깜빡 속아 넘어간 겁니다. 우린 책 내용을 듣고 싶었던 게 아니었습니다. 사랑하는 우리 가족의 목소리를 들으며 건강이나 심리상태를 체크하고 있었던 거라는 걸 말이죠. 외할머니의 장례를 치르고 집에 돌아왔을 때, 제가 그렇게 혼나면서도 왜 동화책을 읽어 달라고 떼를 썼는지 우리 어머니는 아직도 모릅니다. 아, 이젠 어머니도 알겠네요.

책은 맛으로 넘깁니다. 맛이 없어도 페이지를 넘기는 건 가능합니다. 하지만 언제든 다시 넘기지 못했던 그 자리로 돌아오고 또 돌아오기를 수차례 해본 분이라면 이 말뜻을 이해하고도 남습니다. 차마 넘기지 못할 것도 넘기며 살아가는데 맛만 실컷 보고 넘기지도 않는 건 치사합니다. 음, 이번 건 그냥 넘어갑시다. 맛을 보려고 한자리에 계속 머무르다간 다 녹아 없어져서 삼킬 것도 남아 있지 않게 됩니다. 그러니 제발, 다음으로 넘어가자고요.

책은 장어입니다

장어는 정력 증강에 도움이 됩니다. 당연히 단백질이기 때문에. 장어는 다이어트 효과도 있습니다. 당연히 단백질이기 때문에. 장어는 피부 미용에도 좋습니다. 당연히 단백질이기 때문에. 장어는 장어입니다. 장어가 우리의 정력을 위해 존재하는 게 아니라는 말씀입니다. 우리가 정력을 위해 장어에만 의존하지 않듯이 말입니다. 다른 먹거리와 비교하는 것도 방법은 되겠지만, 그 이상을 장어로부터 기대하는 건 무리입니다. 장어가 우리에게 얼마나 효과가 있다는 게 설령, 밝혀지더라도 그게 과연 유의미한 수준인지까지 저절로 판가름 나는 건 아닙니다. 너무 장어를 열심히 먹다 보면 오히려 정력이 감퇴되기도 합니다. 만물의 영장인 우리는 먹을 줄도 알고 먹은 만큼 내보낼 줄도 압니다. 만일, 과다섭취로 인해 배탈이라도 나는 날에는 정력을 위해 고생한 보람도 없는 난처한 상황에 놓이기도 합니다. 사랑하는 이보다 화장실 변기를 끌어안는 시간이 더 길어질 수도 있다는 얘기입니다. 그러니 이 책을 두고 어떤 특효성을 발휘해 주리라는 기대일랑 아예 하지도 마십시오. 덧붙이자면, 장어는 우리의 정력을 위해서도 다이어트를 위해서도 피부 미용을 위해서도 살아가지 않습니다. 그럴 생각도 없습니다. 장어는 그저 장어 자신을 위해 꿈틀거리고 팔딱입니다. 아직도 이 책이 여러분을 위해 존재한다고 생각합니까? 여러분에게 사로잡힐까 봐 도망치려다 이렇게 여러분에게 잡힌 거라는 생각은 해봤습니까? 못 해봤다면 지금부터라도 좀 해보십시오.

책은 나왔습니다

여러분을 연애 적령기 혹은 결혼 적령기를 맞은 인격체라고 가정하겠습니다. 마음 푹 놓고 실컷 사랑할 상대를 찾아다닐 시기입니다. 나이 지긋한 분들은 이 시기를 두고 좋을 때라고들 하는데, 과연 좋은 때인지는 다 지나 봐야 아는 거니까 그 평가에 대해서는 대꾸하지 않기로 합니다. 아무튼 간에, 우리는 양극단이라는 걸 상정해 보곤 합니다.

얼굴만 착한 이성과 마음만 착한 이성, 이렇게요. 둘 다 착할 순 없는 노릇입니다. 이 사실을 잘 알면서도 부질없는 실험을 늘 하고 있죠, 우리는. 암담하기만 한 현실을 살고 있는 우리들 앞에 기적이 일어납니다. 둘 다 가능한 이성이 떡하니 나타나는 것이 아니겠습니까? 분명히 이건 불가능한 일인데, 어떻게 가능할까요? 사랑에 빠지면 가능합니다. 즉, 얼굴만 착한 줄 알았더니 마음도 착한 사람이더라, 혹은 순서를 바꿔 마음만 착한 거 하나 봤는데 얼굴 잘생긴 것도 눈에 들어오더라 하는 식입니다. 이런 게 기적이 아니라면 다른 무엇을 기적이라고 부르겠습니까.

저는 출판사를 상대로 책 출간에 대해 얼마나 공을 들였는지 모릅니다. 잘 팔리는 책과 잘 쓰여진 책 중에서 어느 것이 출판이 가능한 것이냐를 두고 고심에 고심을 거듭했습니다.

저의 이러한 고민이 전제부터 잘못되었다는 걸 깨달은 건 원고를 거의 완성해 갈 무렵이었습니다. 잘 팔리는 책? 잘 쓰여진 책? 둘 다 과거형이었습니다. 미래형으로 바꿔 봅니다. 잘 팔릴 책? 잘 쓰여질 책? 얼토당토않은 가정입니다. 그런 걸 미리 아는 게 가능하면 고민이고 뭐고 할 것도 없습니다.

희망은 남아 있었습니다. 저는 출판사를 홀려 버리기로 했습니다. 뭐라도 있는 것처럼 말이죠. 저는 완성된 사람도 아니고 완성이 될 리도 없고 완성되는 건 영원히 불가능할 건데, 완성된 저의 모습을 출판사에 먼저 제시하는 건 도무지 말이 되지 않습니다. 기적은 이때 일어납니다. 이런 때 있으라고 기적이 있는 거겠죠. 책 쓰는 인간은 완성이 되지 않지만 다행스럽게도 책은 얼마든지 완성됩니다. 그러니 책을 내면 다 해결됩니다. 잘 쓰여진 책은 잘 팔릴 기적을 맞이하고 잘 팔린 책은 잘 쓰여지리라는 기적이 일어날 거란 말이죠.

비관적인 사람은 이런 저의 희망에 찬물을 끼었을지도 모르겠습니다. 저는 정신이 번쩍 듭니다. 제게 찬물을 끼었은 사람들은 원래 다정한 사람들입니다. 저는 그들을 세상이 확보한 최후의 보루라고 부릅니다. 자신들이 한 말의 정확한 이유를 말해 주지는 않는 그들입니다. 하지만, 저 같은 사람이 놓쳐 버리는 아주 중요한 맥을 짚어줍니다. 저를 대신해 잘 팔리지도 않고 잘 쓰여지지도 않은 그런 책이 완성되는 경우를 염려합니다. 상대방의 외모와 마음씨에 모두 불만족스러운 사람처럼 말해줍니다. 지당한 말씀입니다. 모든 사랑이 꼭 바람직한 결실을 맺는 건 아닙니다. 동시에 우린 비극적인 사랑의 결말도 너무 많이 알고 있습니다. 비극적인 사랑의 결말이라… 어떻게 생각합니까? 이렇게 생각해 볼까요. 희극은 희극일 때 성공적입니다. 같은 논리를 적용하면 비극은 비극일 때 제대로 성공하는 겁니다. 말을 좀 바꾸자면, 비극은 비극으로서는 더할 나위 없는 희극입니다. 비극이 희극이 되는 걸 두고 우리는 반전이라고 하진 않습니다. 그건 실패라고 합니다. 요즘에는 '웃프다'라는 말로 희비극이 서로 겹치는 걸 설명하기도 하는데 이 사항에 적용시키기에는 다소 무리가 있네요. 이 책이 누군가를 웃기면서 동시에 슬프게 할 목적하에 쓰여진 것은 아니기 때문입니다. 여러분을 울릴 생각도 없고 웃길 생각도 없습니다. 다만, 영원히 완성되지 않을 존재로부터 무언가 완성되는 기적을 맛보고 싶은 분들이라면 이 책을 읽어 볼 만하겠습니다. 그럴 의도마저 없이 이 책을 집어든 분들이라면 더욱 환영합니다.

아무렇습니다, 한국어

목차

1. 표현 절취선을 따라

머릿속에는 드문드문 그려진 점선이 그려져 있습니다. 그걸 기억이라고 한다죠. 학습에 의해서든 체험으로 인한 것이든 기억은 생성됩니다. 언어라는 것도 이 기억에 기반하고 있습니다. 이제 그 기억이라는 점선을 따라 조심스럽게 찢어 봅시다. 대체 뭘 찢느냐고요? 그야 당연히, 우리의 표현력이죠. 표현을 찢어 놓으면 상대방에게 보낼 것과 혼자서 마음속에만 보관할 것(혼잣말 포함해서) 이렇게 두 조각으로 나눠집니다.

* 계기

저는 지금으로부터 무려 10년도 넘게 간직한 기억이 하나 있습니다. 제게 별 도움도 되지 않으며 삶과 동떨어진 그런 기억이죠. 어쩌자고 이런 쓸데없는 이상한 기억을 하고 있을까요? 기쁜 것도 아니며 슬픈 것도 아닙니다. 그냥 기억하고 있습니다. 기억해야 할 이유조차 뚜렷하지도 않죠. 이렇게 낯선 기억도 있긴 있구나 싶습니다. 그 기억과 얼굴을 맞댈 때마다 늘 어색한 기분에 휩싸이곤 합니다. 정말로 저와 아무런 상관도 없는 기억입니다. 이제 그 기억을 여러분 앞에 끄집어내려 합니다.

2006년에서 2010년까지 KBS에서 방영한 프로그램 중에 〈미녀들의 수다〉라는 프로그램이 있었습니다. 외국인들의 시선과 발언을 통해 한국을 되돌아보는 그런 내용이었죠. 그 프로그램은 제목에 걸맞게 여성들이 주축이 되어 한국사회와 문화 그리고 문제점에 관해 서로 의견을 교환하는 방식으로 진행되었습니다. 출연자들을 통해 외국문화에 대해 간간이 알아가는 색다른 계기를 제공하기도 했죠. 해외로 나가본 적이 없는 제게는 소중한 간접경험이 되었습니다. 한국인인 우리와 다른 모습만큼이나 각국의 사람들은 다양한 견해차를 보여주었습니다. 그 상황이 생소하기도 하고, 이런저런 이유로 신기했습니다.

제가 기억하는 건 숱한 방송분 중에서 오직 한 가지입니다. 최장 출연자 중 한 명인 어느 북미출신 여성의 단 한 번의 발언 때문입니다. 어쩌면 제가 이 책에 그 부분을 넣기 위해서 그때부터 줄곧 기억했다고 할 수도 있겠지만, 그건 틀린 추측입니다. 저는 그 당시에는 책은 고사하고, 글쓰기에도 관심이 없었기 때문이죠.

아주 잘생긴 남자 탤런트가 게스트로 출연했습니다. 그 탤런트는 아버지도 미남 탤런트로 유명했는데 그 이름은 잘 생각나지 않네요. 얼굴은 알겠는데 이름은 영 가물가물합니다. 다들 살다 보면 이런 경우 꽤 있잖아요. 없으면 저 혼자만 그런 것으로 치죠 뭐.

아무튼 프로그램은 진행자가 여자 출연자에게 질문을 하며 시작하곤 했습니다. 보통은 그렇습니다. "한국에 살면서 무엇이 가장 힘들던가요?"라는 식의 질문을 던지죠. 그런데, 그날은 진행자가 자신이 직접 질문하기보다는 게스트에게 각국의 미녀들을 향해 질문을 할 기회를 주더군요. 그래서 미남 탤런트 아들이라는 그 젊은 탤런트가 앞서 말했던 영어권 국가에서 온 여성 출연자에게 질문을 했습니다.

"한국에서 지내는 동안, 무엇 때문에 힘든가요?"

보기에 따라서는 한국에서 살아가는 것이 힘들다는 확정성 질문이기도 합니다.

"어, 너 때문에."

아주 잠깐 스튜디오에 정적이 흘렀습니다. 그리고 환호성과 괴성이 한데 뒤섞인 이상한 소음들로 장내가 소란스러워졌습니다. 그야말로 그 여성의 발언 하나로 스튜디오가 발칵 뒤집혔죠. 발언을 들은 사람들은 대부분 자신의 귀를 의심하고 또 의심했죠. '둘이 무슨 사이지?'라고도 했고, '아무도 몰래, 언제부터 그랬던 거야?'라며 머릿속 드라마를 틀어 놓기 바빴습니다. 마치 비밀 연애중인 남녀 두 사람에게 닥친 위기를 여자 쪽에서 방송 중에 공개한 것처럼 오해할 만도 했죠. 한국말이 서툰 일부 여성 출연자들은 후끈 달아오른 스튜디오 분위기를 파악하지 못한 채, 그 이유를 몰라 어리둥절한 표정이었습니다. 정작 어리둥절한 표정의 정점에 있는 사람은 그 발언을 한 바로 그 여성 출연자였습니다. 뒤늦게 옆 자리에 앉아 있던 한국어에 더 능통한 동료의 설명을 귀엣말로 전해 듣고 나서야, 수습에 나섰죠. 손사래까지 치며 어쩔 줄 몰라 했습니다.

"아뇨, 오너 때문에, 어너 때문이라고요, 오너요, 온어!"

그녀는 당황해서인지 발음이 더욱 꼬여 갔습니다. 사태 파악을 한 진행자는 아직 부족한 그녀의 발음을 정교하게 다듬었습니다. 그리고 출연자들을 진정시킵니다.

"여러분 진정하세요. '언어 때문'이랍니다. '언어'요! 제발 진정들 좀 하세요."

발음상 빚어졌던 이 오해는 한낱 해프닝으로 끝났지만 저는 그 원인이 몹시 궁금했습니다. 단지 발음만으로 오해를 사기에는 그 여성 출연자의 발음이 석연치 않은 점이 뇌리에 남아서요. 아무 상관도 없고 한낱 시청자에 불과한 저였음에도 뒷맛이 영 개운치가 않더라 말입니다. 그 둘의 사이를 의심하는 것은 아닙니다. 둘 사이에는 아무 일도 없었으며 어떤 가정을 들이대도 그건 사실이 아니죠. 저는 그녀의 발음이 너무 오묘했습니다. 어째서 저를 비롯한 사람들 대부분은 그녀의 '언어 때문에'를 '어, 너 때문에'로 잘못 알아들은 것일까요? 흔한 외국인들의 어설픈 한국어 발음이라며 쉽사리 단정하는 건 되레 눌변에 가깝습니다.

* 착상

왜, 그녀는 혼동을 일으킬 만한 발음을 했던 걸까요? 이에 대해서 제 마음대로 추측성 분석을 시작하겠습니다.

저는 이렇게 생각합니다. 한국어와 영어의 발음에는 여러 가지 차이점이 존재하지만, 여기에서는 단 한 단어에 대해 집중하도록 합니다. 그것은 '어, 너'로 들리고 말았던 '언어'의 발음에 대해서입니다. 외국여성 출연자는 2개 국어 이상을 구사합니다. 이것은 어김없는 사실이죠. 한 사람의 뇌에서 2개 이상의 언어가 공존하려면 어떤 보장이 있어야 할 것입니다. 그런데, 다른 언어임에도 불구하고 동일한 발음이나 유사한 발음이 나는 말을 발견하는 순간이 이 사람에게 찾아옵니다. 그렇다면 이를 구분 짓기 위해서 이 다국어 능통자는 일종의 정리정돈이 필요할 것입니다. 머릿속에서 이뤄지는 것이기에 타인들로서는 그 과정을 알 도리가 없죠. 다국어 능통자들이 모두 같거나 비슷한 방식을 취해 이 난제를 헤쳐 나가리라는 예상은 아무래도 어렵습니다. 각자 나름의 방도가 있긴 하겠지만 만능은 아닐 겁니다. 게다가 제도적으로도 그 방도라는 것을 정해 놓은 바가 현재까지 전무합니다. 어떤 언어에서도 다른 언어와의 발음상의 충돌을 예상하지도 않을 것이며, 그런 일이 있다손 쳐도 발생건수가 너무 희박하기에 별로 신경 쓰지 않죠. "글쎄, 우리는 그렇게 사용하지는 않아."라며 무관심하게 지나치기 일쑤입니다. 아마도 다국어를 구사해야 하는 사람들만이 겪어야 할 일종의 애환일 수 있겠네요.

　제가 다국어 구사자의 생각을 들여다볼 기회는 없었지만, 어렴풋하게나마 짐작해 보렵니다. 영어로 'language'를 의미하는 '언어'라는 이 한국어는 당연히 한국어이기에 액센트가 없습니다. 우리 모두가 알다시피 모든 한국어 단어에는 액센트가 없죠. 우리는 그냥 발음합니다. [ɜːrnə]라고요. 하지만, 모든 영어 단어에는 액센트가 있습니다. 그래서, 한국어를 구사하는 입장에서는 굳이 하지 않아도 될 액센트를 붙이고 맙니다. [ˈɜːrnə] 이렇게요. 한국어에 있지도 않은 액센트를 붙이는 것을 우리가 뜯어말릴 리 없죠. 그런 일이 있는 줄도 모르고요. 아예 신경 쓰지 않죠. 그리고 첫째 모음에 액센트를 붙이는 것은, 한국어로 듣기엔 그냥 액센트가 없는 것처럼 들리기도 합니다. 그래서 첫째 모음에 오는 액센트는 신경 쓰지도 않습니다. 예전 중학교 시절 영어단어마다 액센트 위치 알아맞히는 문제를 내던 시기가 있었죠. 지금도 그렇다면 다행 중 불행이군요. 둘째 모음이나 그다음 셋째를 포함하는 그 이후의 모음에 액센트가 오는 경우에만 신경을 쓸 뿐(헷갈리는 것만 문제로 출제되는 경향에 입각하여), 그 외에는 생각하고 말 것도 없이 죄다 첫째 모음이려니 간주하고 무시합니다. 액센트를 묻는 영어문제에 대한 이러한 태도는 지극히 자연스럽습니다. 그런 식이었던 겁니다. 하지만 제가 언급하는 그녀는 한국어가 모국어가 아니기에 액센트에 신경을 안 쓸 수 없었겠죠. 그래서 액센트를 붙여야 했습니다. 문제는 발생했습니다. 이렇게 첫째 모음에 액센트가 오는 단어는 영어단어에 엄연히 있었습니다. 그녀로서는 큰 불행이었죠. 영어를 모국어로 하는 그녀 입장에서 보면 너무나 멀쩡하게 발음 [ˈɜːrnə]을 선점한 'earner'가 얄미울 정도였을 겁니다. 그녀로서는 달리 선택의 여지가 없었겠죠. 그녀는 일종의 술수를 썼습니다. 꽤 간단하면서도 유용한 것이었습니다. 스스로를 칭찬해 줬을 테죠. 적어도 방송하기 전까지는 그런대로 쓸 만했겠죠.

＊해소

그녀는 'earner'와 '언어'를 다음과 같이 구분 짓기로 정했으리라 추측합니다. 이는 순전히 가정입니다. 사실과는 격차가 있겠지만, 한번 음미해 볼 만합니다.

'earner'의 발음은 [ˈɜːrnə]로 한다.
'언어'의 발음은 [ɜːrnˈə]로 한다.

이 둘의 발음 충돌을 그녀는 아마 액센트 위치 변경으로 피하려 했을 겁니다. 영리하지만, 문제점은 있죠. 엄청나게 희박한 그 문제점이 그것도 하필이면 방송 중에 발생할 게 뭐란 말입니까.

'언어'의 발음은 [ɜːrnˈə]로 한다.

아무렇습니다, 한국어

'언어'의 발음은 '어, 너'로 들린다.

한국어를 모국어로 하거나 친숙한 사람에게는 [어너 때무네]로 들려야 하는데, 안타깝게도 둘째 모음에 액센트 발음을 주기 위해서 [어-] 발음을 약화시키는 바람에 한국어로서는 그것이 군말(의미 없는 말, filler)로 잘못 해석되기에 이른 것입니다. 그리고 이 발음을 길게 끄는 건 군말의 습성이기에 무시당하기 좋을 상황으로 더욱 내몰렸을 테고요. [어-]는 얼버무림으로 증발했으며 [-너 때무네]만 고스란히 사람들의 귀에 꽂혀 버리고 말았죠. 이런 이유로 그녀는 방송국 비밀 연애의 폭로자처럼 사람들에게 비쳐졌습니다. 자칫 스캔들로 번질 뻔했던 이 사건은 사람들의 뇌리에서 며칠 안 가서 잊혀졌지만, 제 뇌리에는 이렇듯 멀쩡하게 살아 있는 것을 보면, 퍽이나 강렬했던 경험이었나 봅니다.

* 부속
간단하게 한국어 단어를 발음하는 시간을 가져 봅시다.

거리 [거리]
먹거리 [먹꺼리]

먹을거리 [머글꺼리]

보다시피, 된소리 발음에 대해 할 말이 좀 있습니다. 이거 법칙이 제대로 적용되는 게 맞는 건가요? '거리' 그리고 '먹 거리'의 발음은 일견 합당해 보입니다. '먹'의 종성(終聲) 'ㄱ' 과 '거'의 초성(初聲) 'ㄱ'이 서로 만나 된소리 '꺼'가 되는 모 습은 한국어에서는 흔히 일어나는 자음 충돌입니다. 그런데, 먹을거리는 도대체 어떻게 된 거죠? 된소리 [꺼리]가 나타나 야 할 근거가 몹시 희박해 보입니다. 'ㄹ'과 'ㄱ'이 충돌했다 고 된소리 'ㄲ'가 발현되는 법칙은 없습니다. 그런데 희한하 게도 먹을거리는 [머글꺼리]로 발음됩니다. [먹꺼리] 중간에 서 무슨 역할을 한 것인가요? 그렇다면, 우리가 모를 이 영 향력은 어디로부터 기인하는 걸까요? 한국어 표현법에 대한 궁금증은 나날이 커져만 갑니다.

예를 더 들겠습니다.

정보계 2과 [정보계 이꽈]
정보계 2과장 [정보계 이꽈장]
정보계 이과장 [정보계 이과장]

아무렇습니다, 한국어

위의 예에서 보다시피, 우리는 숫자 뒤에 오는 발음은 모두 된소리로 발음한다는 법칙이 없습니다. 그럼에도 불구하고 마치 사전에 약속이나 한 듯이 이렇게도 명확히 된소리로 발음합니다. 신기한 건, 같은 [이-]라는 발음에서도 그것이 사람의 성씨인 경우에는 절대로 된소리로 발음하지 않는다는 것입니다. 역으로 생각하면 이렇습니다. 어떤 사람이 된소리로 발음하는 것을 들었다면 그건 반드시 성씨를 말하는 것이 아니라는 거죠. 된소리가 아닌 본래의 발음으로 들렸다면 그건 반드시 숫자가 아닐 테고요. 여기에서 숫자는 무얼 의미하는 걸까요? 그리고 단지 숫자는 숫자라는 이유로 된소리 발음을 유도하는 걸까요? 딱 어떻다 하고 규정짓는 그 이전 단계의 일말의 사고방식이 작용한 결과라고 저는 생각합니다. 다음에 예시하는 구분법에 대해서 누구든지 한마디씩 해볼 수 있겠습니다.

정보계 일과(日課) [정보계 일과]
정보계 1과(一科) [정보계 일꽈]

과(科)라는 말은 같은 성향이나 업무를 하되 책임이나 역할이 구분 지어진 것을 의미합니다. 이를 우리는 된소리라는 방법을 써서 확실히 구분 지으려는 것이죠. 법칙이 아니라 우리의 인식을 뚜렷하게 하기 위함입니다. 영어의 액센트나 중국어의 성조가 없는 우리의 한국어는 나름 독특한 방법을 부지불식간에 개발한 모양입니다. 이 주장은 정론도 아닐뿐더러 증명된 바 없으니 시시비비를 가리려는 도전은 사양하겠습니다. 조금 더 두고 지켜볼 것이 있다는 점을 이 자리에서 여러분에게 언급했다 정도로 이해하면 좋겠습니다. 저는 앞으로 사사건건 이런 식으로 내용을 진행하려고 합니다.

정보계 사고처리 1건[건]
정보계 사고처리 10건[건]
정보계 사고처리 100건[건]

액센트도 없고 성조도 없는 한국어의 발음 구분법이 다소 빈약해 보인다는 불만의 목소리도 있을 수 있죠. 그건 약간 볼멘소리로 들립니다. 하지만, 아쉬울 것이 없습니다. 우리는 한국어를 구사하지만 동시에 한글이라는 우수한 발음체계를 갖추고 있죠. 효율성 면에서는 한글을 따를 문자체계는 없다고 생각합니다. 이건 증명하고 말 것도 없어요. [ ] 대괄호 보이죠? 발음기호를 적어 넣는 곳 말입니다. 한글은 소리

나는 대로 적어 넣으면 그게 발음기호랍니다. 대괄호 속에서 따로, 돼지꼬리[ð]를 굽거나 번데기[θ]를 찜쩌 먹지 않아도 된단 뜻이에요. 알겠죠? 응[ŋ]?

2. 숨은 관계성

우리는 누가 꼭 가르쳐 줘야만 배우는 건 아닙니다. '배울 게 없다' 해도 '배울 게 없다는 그 사실'만은 제대로 배우기도 하죠. 얄궂은 현실은 이런 식으로도 진행되곤 하죠. 이제, 우리는 괴이한 풍요로움을 자못 기대하게 되었습니다. 누군가에 의해서 혹은 무엇을 통한 가르침이 없이도 우리에게는 배울 것들이 널려 있는 이 세상입니다. 이처럼 깜찍하기 짝이 없는 이 세상, 두 팔 벌려 맞이하시길.

* 계기

글이나 말로 설명하기 힘든 건, 몸소 체험해 보면 됩니다. 그런데, 겪어 보지 않고도 경험한 것 이상으로 강렬한 인상을 심어 주는 매체가 있죠. 그렇습니다. 몇 분은 짐작했겠지만 제가 지금 언급하려는 건 영상매체입니다. 영화를 보고

운다는 건 무척 창피한 일입니다. 그런데 어떤 사람은 영화를 보고 운 경험을 자랑스러워하기도 합니다. 저와 그 사람의 차이점은 무엇일까요? '울면 안 돼'와 '울어도 돼'의 차이점 정도겠죠, 아마도. 저는 그 둘의 의미가 서로 반대되는 위치라고 여기지 않습니다. 심지어는 전혀 딴판인 표현이라고 생각되지도 않아요. 그 둘은 긴밀히 연결되어 있습니다. 지시 부사 중에서 시간을 의미하는 표현을 슬쩍 넣어 봅니다. '아직 울면 안 돼, 이젠 울어도 돼.' 그러면 묘하게도 이렇게 하나로 연결됩니다. '아직'과 '이젠'이라는 표현 사이의 여유는 얼마여야 적당할까요? 저는 그 여유를 아주 오래된 영화 속에서 찾았습니다. 찾아낸 건 아니고, 그 영화라면 찾아낼 수도 있겠다 싶었습니다. 그 영화의 제목은 〈번지점프를 하다〉입니다. 그 영화를 보면 여자 주인공이 국문학도인 남자 주인공에게 불현듯 질문 하나를 던집니다. 왜 숟가락은 'ㄷ' 받침을 쓰고 젓가락은 'ㅅ' 받침을 쓰느냐는 질문이었죠. 남자는 여자의 기습적인 질문에 당황해서 먹던 음식이 목에 걸려 켁켁거리죠. 저도 몹시 궁금하더군요. 지금에 와선, 이 영화가 제법 흥행에 성공해서인지 몰라도 인터넷에 검색해 보면 그 이유가 상세히 적혀 있습니다. 국립국어연구원에서도 친절하게 설명해 놓았습니다. 영화를 관람했던 사람들의 질문이 그리로 꽤나 몰아쳤을 테고요. 연구원일 리 없는 저인데도 이걸 상상만 하면 어깨가 움츠러들 정도로 오싹합니다. 연구원이 아닌 게 다행이라고 잠시 스스로를 위로하는 건 좀 지나친 거겠죠. 그런 기회는 영원토록 오지 않을 거라는 확신 속에서 저는 마음이 편안해집니다.

표준어 규정상 정해진 표준 발음법에 의거해 받침소리는 즉, 종성(終聲)은 'ㄱ, ㄴ, ㄷ, ㄹ, ㅁ, ㅂ, ㅇ'의 7개 자음만 발음하는 것으로 되어 있습니다. 이 규정에 따라 숟가락과 젓가락 모두 [숟까락], [젇까락]이 되겠죠. 어때요? 어디서 좀 배운 가락[가락]이 보이지 않습니까? 그런데, 배운 티 내려고 온갖 짓을 다하는 제가 [까락]을 그냥 넘어갈 리가 없겠죠. 이번에는 그냥 넘어갑니다. 일일이 다 따지고 들면 아무리 저라고 해도 피곤합니다. 그냥 받침소리니 가락이니 뭐니 하는 것까지 몽땅 내버리고 이렇게 하나로 묶어 버려서 쓰렵니다. '수저'. 마음이 더욱 편해졌습니다.

그런데, 말이죠. 국립국어연구원을 괴롭힐 만한 질문이 또 하나 불쑥 돋아났어요. '잎사귀'는 왜 잎사귀라고 하는 건가요? 뿌리사귀라고도 하지 않고, 줄기사귀라는 말도 없어요. 꽃사귀라고도 하지 않고 열매사귀도 존재하지 않아요. 오직 잎사귀만 허용됩니다. 물론 '이파리'라는 말도 사용합니다.

'이파리'는 원래 '잎'에 접사 '-아리'가 붙은 형태라는 것으로 그럭저럭 수긍하겠습니다. 이파리 그 옆에 병아리 정도를 상상해 볼 수 있겠네요. 그런데, 이 '잎사귀'라는 건 어떤 원리로 만들어진 표현인지 짐작하기도 힘듭니다. "잎사귀에는 사마귀가 숨어 있을 수 있으니 조심하라는 뜻이야."라고 얼버무리면, 어린이들도 야유를 퍼부으려 할 겁니다. 제가 소유한 국어사전을 한번 펼쳐 보겠습니다.

이파리 「명사」살아 있는 나무나 풀의, 넓이가 있는 낱 잎.
「비슷한말」잎사귀.

잎사귀 「명사」낱낱의 잎. 「비슷한말」이파리.

* 착상

배우는 게 없는 것도 배우는 겁니다. 틀린 것을 배우는 것도 꽤 배우는 겁니다. 틀린 것을 바로잡는 건 엄청나게 배우는 겁니다. 틀린 것과 옳은 것을 동시에 알게 되는 것이죠. 옳은 것만 배우는 것은 틀린 것만 배우는 것이나 마찬가지입니다. 틀린 줄도 모르고 옳은 것으로 여겨 배우는 것이 어떻게 처음부터 옳은 걸 배우는 것과 같느냐고 반박한다면, 저는 거기에 대응할 재간이 없달 수밖에요. 그냥, 이 책을 잠시 내려놓고 생각에 잠겨 보기를 권합니다. 그래도 무슨 소리인지 모르겠다면, 이 책을 포기하십시오. 다른 훌륭한 책을 읽다 보면, 제가 무슨 말을 하는지 알게 될 날이 찾아옵니다. 그때, 무릎을 탁 치며 '과연 그랬던 거구나!' 하면 됩니다. 도로 이 책으로 돌아오지 않아도 괜찮습니다. 그것만 여러분이 알게 되어도 이 책은 소기의 목적을 충분히 달성한 것이니까요. 여러분이 옳다고 믿었던 것, 틀리다고 믿었던 것이 역전되는 순간을 맞이하면 반성, 용서, 후회, 회개, 개선, 변화, 신념, 이해 등 온갖 것이 갖추어지며 삶이 풍요로워집니다. 만일, 괴로움과 잔혹함까지 여기에 포함한다면요. 앞부분에서 약간 장난스레 너스레를 떨어 봤지만, 정말 무언가 불확실한 것을 덮어놓고 믿는 것보단 손수 확인해 보는 습관을 갖는 게 중요합니다. 제가 이렇게 여러분에게 주의를 주는 이유가 있습니다. 저 역시 그 누구처럼 헛소리를 지껄일 만반의 준비를 해놓았기 때문입니다. 저 자신이야 확신을 갖고 하는 이야기지만, 얼마나 왜곡되었을지 모를 일입니다.

영화 이야기를 하면서 저도 모르게 추억에 젖어 흥분했나 봅니다. 본래 하려던 이야기로 돌아가겠습니다. 과연, 이 '잎사귀'의 정체는 과연 무엇일까요? '잎+사귀'로 나눠 봅니다. '-사귀'는 어미로 쓰이는 것을 본 적이 없습니다. 오히려, 어간으로 쓰이죠. '사귀다'라는 기본형의 어간에서는 흔히 목격됩니다. 그렇다면, 어린애 같은 발상으로 한 번 더 말해 볼까요. 앞에서 '잎 속에 사마귀가 숨어 있네 어쩌네' 했던 건 제발 잊어 주세요. '잎사귀는 햇빛과 사귀는 중'. 이건 어떻습니까? 어린이들도 이런 해석에 야유를 보내지는 않겠죠? 잎사귀가 햇빛을 받아 광합성을 해야만 식물의 생명을 유지하고 성장하는 것은 모두가 아는 자명한 사실이니까요. 햇빛과 사귀려 하지 않는 잎사귀가 존재하기나 할까요. 물론, 이런 확언도 '검은 백조(白鳥)'처럼 언젠가는 산산이 부서질 수 있겠죠. 햇빛이 아닌 다른 무엇을 위해 존재하는 잎사귀가 발견될 날이 찾아올 때까지는 적어도 이 말이 옳은 것입니다. 그리고 반박할 만한 증거가 나타나면 얼마 지나지 않아 틀린 이야기가 됩니다. 하지만 저는 여러분에게 이렇게 호소하고 싶네요.

언젠가는 틀릴 이야기로 무시되어 새로운 이야기들이 무기한 보류되었다간 우리 인류는 한 걸음도 앞으로 나아가지 못할 겁니다. 그러니 틀리다는 사실을 확보하기 전에는 믿어 봅니다. 아니, 믿어 주는 겁니다. 그리고 누구든 무엇이든 언제든 틀릴 수 있음을 명심하고 다름을 인정하고 올바름으로 수정하는 우리가 되어 봅시다들.

* 해소

남 탓을 하기는 쉽습니다. 그러나 정확한 원인이나 이유를 알아내는 건 탓하는 것에 비하면 너무 어렵습니다.

원인 혹은 이유에 대해 이야기 해보고 싶군요. 제 기억을 덧대어 하는 이야기이니 정확하지 않을 수도 있습니다. 이 점 미리 양해를 구합니다. 초등학교 아니 국민학교를 다니던 시절, 아주 아득한 예전에 5월의 상쾌한 날을 맞이했습니다. 제가 다니던 학교는 늘 분주했습니다. 재직 중이던 교장 선생님의 성격이 보통이 아니었거든요. 오지랖이 운동장을 덮고 인맥이 수도꼭지를 타고 흘러다니는 그런 분이었습니다. 학교도 무척 컸던 것으로 기억합니다. 동네잔치는 꼭 교내행사와 겸해서 이뤄지곤 했죠. 요즘 말로 콜라보라고 하던가요. 교장 선생님은 한시도 쉬지 않고 일을 벌이는 게 취미였습니다. 학생 수도 엄청 많아서 오전/오후반으로 나눠 진행했어요. 친구 사귀는 건 꿈도 못 꿀 정도로 부산하고 늘 바쁜 학교생활이었습니다. 부모님들은 먹고사는 문제로 바쁘고 교장 선생님은 날마다 일을 벌이느라 바쁘고 학교는 온갖 행사를 치르느라 바쁘고 아이들은 어른들 등쌀에 떠밀려 바빠지는…, 하여간 그땐 그랬습니다. 그렇게 지내는 게 정상이라고 여기며 살던 시절이었습니다. 하지만 어느 누구도 그

아무렇습니다, 한국어

렇게 바쁜 이유를 명확하게 알 수 없었어요. 이유를 알기에
는 너무 바쁜 시절이기 때문인데다 이유보다 더 바쁜 게 너
무 많았습니다. 날씨도 화창하고 바람도 시원하지만 5월은
창문 밖을 쳐다볼 여유가 없었습니다. 대신 쳐다보지도 말아
야 할 이유만 숨어 있었습니다. 교실을 가득 메운 그 이유라
는 건 며칠 후 전교생이 치러야 할 미술행사였음을 당일이
되어서야 알았네요. 교장 선생님의 특별지시 때문이었는지,
각 학급의 담임 선생님들은 미술행사에 관한 내용은 함구한
채 오직 아이들에게 정해진 시간 내에 그림을 한 장씩 그려
내라고 종용했습니다. 그림 그리느라 초조한 건 아이들이어
야 하건만, 늘 손톱을 깨물어 대는 건 담임 선생님들이었습
니다. 그림을 누가 대신 그려 주는 걸 엄격히 금지해야 하기
에, 행사에 관한 건 입도 뻥긋하지 못했던 당시의 선생님들
의 마음고생이 말이 아니었을 겁니다. 시간은 촉박하고 이유
는 알려 주지 못하고, 이유를 누가 알기라도 하는 날에는 행
사의 의미가 모두 망가질 테니 그랬겠죠.

　영문도 모른 채, 늘 선생님들에게 정신적인 채찍질을 당하
며 어찌어찌 그림을 완성해 가는 아이들이었습니다. 초등학
교 1학년에게 도화지 한 장이 얼마나 넓은지 아십니까? 그림
그리기에도 정신없는 와중에 웬 뜬소문 하나가 아이들을 덮

쳤습니다. "해 그리면 빵점이래." 이 말의 신봉자들이 하나 둘씩 생겨나더니 이내 전교생을 모두 그 신앙을 맹종하는 광신도로 만들더군요. 당연히 저도 한 명의 광신도가 되어 그 대열에 합류했습니다. 해를 그리지 않는 방법을 쥐어짜내느라 밤잠도 설쳤습니다. 밤을 그릴 순 없었습니다. 아이들이 노는 장면을 그릴 작정이었으니까요. 그래서 땅거미가 내려앉을 시간을 택했습니다. 아이들이 더 놀겠다고 버티며 저녁밥 먹으려고 쫓아다니는 엄마를 피해 도망 다니는 바로 그 시간대를요. 저는 그림을 마침내 완성했습니다. 해를 전혀 그려 넣지 않고도 그림을 완성했습니다. 해를 그려 넣지 않고 그림을 완성했을 때의 그 뿌듯함이란 마치 천국에 온 기분이었습니다.

"짜식들아, 봐라. 나는 해냈다고. 해 없이도 해냈다고!"

며칠 후, 교장 선생님이 비밀리에 진행한 스케줄에 의해 미술경시대회가 열렸고, 아이들은 의아했습니다. 우리 그림을 왜 운동장에다 펼쳐 놓은 거지? 4, 5, 6학년들은 수채화 물감을 써서 그림을 그렸으니 그럴 만도 하지만, 크레용으로 그린 그림을 저 뙤약볕에 굳이 말릴 필요는 없었다고 생각했더랬죠. 무슨 마른 오징어를 천천히 구울 때 그런 것처럼, 도화지의 귀퉁이가 가운데를 향해 도로록 말려 올라가고 있었

아무렇습니다, 한국어

습니다.

명색이 미술경시대회라서, 여러 가지 수상이 이뤄졌습니다. 대상을 받은 그림이 모두에게 공개되었습니다. 대상을 받은 그림을 본 아이들은 충격에 휩싸였습니다. 그림의 절반 이상을 해가 차지하고 있었습니다. 해가 막 떠오르려는 걸 그린 것이었는데, 해를 동그랗게 그린 건 아니었습니다. 그림에는 아주 기발하면서도 독특하게 해가 그려져 있었습니다. 지평선 아래에 해의 절반이 숨어 있는 것처럼 세심하게 기획되어 있었고 막 떠오르는 해의 절반만 도화지 상에 보이도록 한 그런 내용의 그림이었습니다. 그림 속에서 여러 종류의 사람들이 손에 손을 맞잡고 그 해를 향해 서 있었죠. 뭔가 뒤통수를 크게 한 대 얻어맞은 듯한 기분이었습니다.

"뭐야? 해를 그렸잖아!"

"그리기는 했는데 절반만 그렸으니 제대로 그렸다고도 할 수 없는 거겠지. 흐음."

"무슨 소리야! 절반만 그렸으니까 빵점이지!"

"아니야, 빵점도 절반이어야 해!"

"이럴 줄 알았으면, 나도 이렇게 할걸."

"해를 마저 다 그렸더라도, 상을 받았을까?"

아이들은 혼란에 빠졌습니다. 그렇게 웅성웅성한 우리들

중의 누군가가 별안간 소리쳤습니다.

"혼자서만 상 받으려고 해를 못 그리게 한 거 아냐?"

생각해 보니 그 말대로라면 정말 괘씸하기 이를 데 없는 일이었습니다. 아이들은 모두 다 해를 그려 넣어서 빵점 받을까 두려웠는데, 누구는 전부도 아닌 겨우 절반을 그려 넣고 대상을 받는다니 생각할수록 분통이 터졌습니다. 하지만 그래 봤자 아이들이었습니다. 학교에서 주최한 미술경시대회가 어찌어찌하며 성공리에(?) 끝나고 그림은 원래 주인들에게로 돌아갔습니다. 그리고 아이들은 돌려받은 그림에다 빨간색 크레파스로 해를 큼지막하게 그려 넣었습니다. 제 그림은 어떻게 했게요? 저는 그림을 돌려받지 못했습니다. 그림을 대회 도중에 잃어버렸습니다. 해를 새빨갛게 원 없이 그려 넣을 기회마저 박탈당했습니다. 만일, 그림을 잃어버리지 않았다면 저도 해를 그려 넣었을 겁니다. 운동장을 온통 남색으로 칠한 그 그림 속 어디든요.

이제 어른이 되어 그 시절의 저를 포함한 아이들에게 무슨 말을 해서 위로해야 할까요?

"얘들아, 그건 해 탓이 아니란다."

"그럼, 뭐예요?"

"그건, 너희들이 차차 자라나면서 알아내야지."

"우리를 속였어요."

"누가?"

"누구든지요. 우리는 분명 해 그리면 빵점이라고 들었단 말예요!"

"그러니까 해 그리면 빵점이라고 누가 그러든?"

"그건 몰라요."

"누군지도 모른 사람이 한 얘기는 왜 믿어 줬니?"

"그러네요."

"앞으론 누군지도 모를 사람 탓보다는 이유를 잘 생각해 보렴."

"잘못될 수 있잖아요."

"해 그리면 빵점이라는 말을 만든 사람을 찾았어?"

"아뇨. 기억도 잘 나지 않아요."

"이유를 생각해서 이유대로 했다가 잘못된 거면 잘못되었을 때의 이유만 다시 찾으면 되잖니. 누구의 탓만 하면 그 누구를 찾는 것만으로는 문제가 해결되지 않아. 어떻게 생각하니?"

"이젠 누구의 말만 덥썩 믿어 버리지 않을래요."

"그리고?"

"듣고 나서 무조건 탓하지 않아야죠."

"또?"

"이유를 생각하고 틀린 이유라면 맞는 이유를 찾아봐야죠."

"그래. 잘 생각했어."

아울러 제가 싫어하는 표현 중에는 이런 게 있습니다. '결정적 증거'라고. 제가 보기에 그건 증거를 탓하고 싶은 심리적인 욕구라 하고 싶습니다. '보라고, 증거가 이런 게 나왔으니까 이 주장이 사실인 거잖아'라는 둥, '보라고, 증거가 없으니까 그 주장은 당연히 거짓이야'라는 둥, 지나친 증거에 의존하는 피해사례는 열거할 수 없을 정도로 사회에 만연합니다. 결정적 증거만이 모든 걸 결정한다면 결정적 증거 외에는 다른 무엇도 필요 없다는 자기모순을 일으키는 것이 바로 결정적 증거의 결정적 증거(?) 되겠습니다. 제대로 된 원인과 이유를 찾으려는 노력보다는 단지 주어진 몇몇 증거들로 진실을 재구성하겠다는 얄팍한 심리로밖에는 보이지 않습니다. 그건 정말이지 그냥 '증거 탓'을 하려는 시도입니다. 상대에 대한 논리적인 설득보다는 그리고 상대의 자발적인 수긍보다는 그냥 진실이 이 '증거'로 결정되었으니 그냥 따르라는 억박지름일 뿐이죠. 증거의 있고 없음으로만 판별하는 공식표 뒷면에는 숱한 증거인멸의 흔적이 남아 있음을 우린 깨달아야 합니다. 만날 '증거 탓'만 하는 사회는 아무리 합당하게 설명해 봤자 귀를 닫고 들으려 하지 않을 겁니다.

아무렇습니다, 한국어

뒤돌아서서 뒷걸음칠 수 있음을 직접 목격하고도 어떻게 그게 전진(前進)일 수 있느냐며 거부합니다. 뒤로 가는 건 무조건 후진(後進)이라며 갈 데까지 가보잔 심산을 방패막이 삼아 고집부리겠죠.

* 부속

"출판사에서 책은 내주겠대?" 친구가 물었습니다.

"내준다고 하더군." 제가 말했습니다.

"대체 뭘 보고?" 친구가 물었습니다.

"글쎄, 뭘 보긴 봤나 봐." 제가 말했습니다.

"그러는 너는 날 뭘 보고 친구로 삼았어?" 제가 물었습니다.

"하하하, 몰라." 친구가 웃었습니다.

"그럼, 출판사도 잘 모르고서 책을 내주는 거겠지." 제가 말했습니다.

"하하하." 친구가 또 웃었습니다.

"책을 내고서도 몰라주면 어떡하지?" 제가 걱정했습니다.

"아마 아무런 상관없을걸." 친구가 말했습니다.

"뭐가?" 제가 물었습니다.

"아직, 잘 모르겠는데도 우린 여전히 친구잖아?" 친구가 말했습니다.

3. 대단한 색채

세상에는 얼마나 많은 핑크(pink color)가 존재할까요? 그런데 그걸 잘 모른다고 해서 별로 부끄러워할 일은 아닙니다. 알고 싶은 사람들이야 많이 알수록 좋을 테고 얼마나 많이 알고 있는지 서로 견주어 보기도 하고 그 방대한 지식량에 대해 자신의 자랑거리로 삼기도 하겠죠. 핑크는 무한대로 분화하며 어쩌면 밤하늘에 떠 있는 수많은 별들보다 많은 이름을 갖게 될지도 모르겠습니다.

* 계기

"한글은 참 대단하지 않아? 붉은 색 하나만 해도 말이야. 얼마나 많은 표현이 있느냐고. 불그데데하다, 불그레하다, 불그름하다, 불그무레하다, 불그숙숙하다, 불그스레하다, 불그스름하다, 불그죽죽하다, 이렇게나 많아요."

이런 말 누구나 한 번쯤 들어 봤을 겁니다. 저는 이 말에 동의하지 않습니다. 우선, 한글은 한국어가 아닙니다. 저는 한글과 한국어는 무척 다르다고 봅니다. 한글은 세종대왕이 창제한 문자체계이고 한국어는 한반도에 사는 사람들의 문화와 사고방식이라고 여기기 때문입니다. 달리 표현하자면, 그 둘은 '언어'와 '생각'만큼이나 다른 겁니다. 물론, 우리가 하고 있는 생각의 대부분은 '언어'로 하는 것이며, '생각'만으로는 생각대로 되지가 않죠. 그래서 언어가 필요한 것이죠. 여기에 대해서는 보다 자세한 논의가 진행되어야 하겠지만, 당장은 그 점에 대해 다루지 않겠습니다.

저는 한글이 아닌 한국어가 그렇게 많은 색을 표현한다고 생각하지도 않습니다. 이게 가능하려면, 예시에서 보인 그 많은 표현들이 서로 뚜렷이 구분되어야 하며, 어떤 사람이 이건 '불그스름한' 것이지 '불그스레한' 것은 아니라고 했을 때 압도적 대다수가 동의해야 할 정도라야 합니다. 그런데, 그렇습니까? 아니죠. 너무 주관적인 표현이라서 다양한 것일지언정, 세밀하거나 치밀하게 정돈하여 나눠진 표현들이 아닌 거죠.

여기에 이르면 어떤 사람들은 제게 이렇게 말하겠죠. "건방지게, 한국어를 깎아내릴 셈이냐!"고요. 아뇨, 천만에요. 다만, 아닌 건 아닌 겁니다. 저는 오히려, 어떤 면에서 한국어는 정말 가공할 정도로 체계를 갖추었으며 그 잠재력에 놀라 자빠질 거라고 확신합니다. 제가 찾아낸 것이 어떤 것인지 차차 말씀드릴 테니 다들 푹신한 베개 하나씩 준비하시지요.

한국어, 더 정확하게는 한국어를 구사하는 사고방식은 한글 창제력을 어떤 면에서 능가할 정도로 무시무시합니다. 이것이 현재 어떤 연구가 이루어지고 있으며, 앞으로 어떤 수준에까지 도달할지 가늠하기도 힘들다고 미리 말씀드립니다. 빛깔과 색상을 다루는 데 있어 한국어만큼 정갈하고도 단순한 체계를 잡은 방식이 또 있을까 하는 의문이 들 정도입니다. 재삼 강조하지만, 저는 한글의 우수성을 논하는 게 아닙니다. 저는 한국인의 문화와 사고방식이 투영된 한국어의 우수성, 그 자체를 논하려는 것입니다.

* 착상

순수 한글로만 된 색채표현은 단 5가지입니다. 먼저 형용사형부터 살펴보겠습니다.

형용사형 [채색(彩色)]

빨갛다, 노랗다, 파랗다, 까맣다, 하얗다, (말갛다늑투명(透明)하다)

묘하게도 모두 어간 부분의 종성(終聲)이 'ㅎ'으로 되어 있습니다. 단지 우연일까요? 저는 의구심을 품습니다. 다음으로 명사형을 보면 무언가 실마리가 잡히겠죠. 완전히 제각각이든지 아니면 저의 지레짐작처럼 뭔가가 작용하든지 둘 중 하나겠죠.

명사형 [채색]

빨강, 노랑, 파랑, 까망, 하양, (말강은 성립하지 않음, 늑맑음)

5색의 표현법에 대한 형성원리가 심상치 않습니다. 혐의점이 아주 다분하죠. 현재의 제 실력이나 역량으로는 왜 이러한지 알아낼 수 없습니다. 다만, 주목할 만한 건 형용사형일 때 어간이 'ㅎ'으로 마무리된다는 공통점과 명사형일 때 'ㅇ'으로 마무리된다는 점을 특기할 만하다는 정도입니다. 어떤 규칙성을 보여주지만 그 이유가 명확하게 무엇인지에 대해선 현재로서는 알 도리가 없습니다.

세상에 있는 색상을 표현함에 있어 순수 한글표현이 단지 5색이라는 사실을 알고 나면, 조금은 실망스러울 수도 있겠네요. 하지만, 실망하기에는 아직 이릅니다. 저는 아주 기묘한 것을 발견했으니까요. 위에 제시한 5색은 색상입니다. 채색이나 염료에 의해 물들어진 것을 의미하는 색이란 뜻입니다. 그 무슨 말도 안 되는 억측이냐고 반문하겠지만, 제가 믿는 구석이 없이 함부로 이렇게 주장할까요?

형용사형 [채광(探光)]
붉다, 누르다, 푸르다, 검다, 희다

위의 말들은 '빨갛다, 노랗다, 파랗다, 까맣다, 하얗다'와 확실히 대칭을 이룹니다. 다만, 유념해서 봐야 할 것은 모음의 성향이 음성(陰聲)이라는 것입니다. 음성모음 성향상 양성모음에 비해 어둡고, 크고, 무거운 느낌을 줍니다. '채광 형용사'들이 하나같이 음성모음으로 되어 있습니다. 마치 모두 양성모음으로 이루어진 '채색 형용사'들로부터 일괄적으로 변경되었다는 인상을 남깁니다. 이것은 무얼 의미하는 걸까요? 이것 외에도 다른 의미를 우린 찾아낼 수 있습니다. 그것은 양성모음 일단인 채색에 '크고 무겁고 은근하게' 영향을 주는 음성모음 일단인 채광, 말 그대로 빛으로 덧입혀진 색을 표현했다는 의미입니다. 저의 이러한 주장은 꽤 위험한 발언일 수도 있겠습니다만, 저는 이 주장을 계속 이어 나갈 작정입니다.

아무렇습니다, 한국어

명사형 [채광]

붉음, 누름, 푸름, 검음, 흼

채광과 관한 형용사들을 억지로 명사화해 봤는데, 무척 어색합니다. 실제로 쓰일 만한 표현이라고 하기엔 아무래도 무리죠. 시적허용으로나 가능할 법한 표현들입니다. 억지로 만든 티가 팍팍 납니다. 당연합니다. 제가 일부러 실험해 본 것이기 때문에 그렇습니다.

합성형 [채광]

검붉다, 검누르다, 검푸르다

희누르다, 희멀겋다(해말갛다), 희붉다(희불그레하다)

누르락붉으락하다, 누르락푸르락하다

푸르락붉으락하다, 푸르락누르락하다

위에 제시한 것은 각각의 채광형 색채표현들을 혼합한 표현들을 찾은 결과물입니다. 더 찾아보면 많겠지만, 우선 국어사전에 명시된 것만 몇 개를 추려 보았습니다. 저는 이를 빛의 간섭에 따라 우리의 눈에 달리 보이는 색채변화를 표현한 어휘들이라고 여깁니다. 아직도 저의 주장이 석연치 않다 여기는 분들 많으리라 봅니다. 그럼, 이렇게 해보면 어떨까요? 채광형 색채표현들 그러니까 '빨갛다, 노랗다, 파랗다, 까맣다, 하얗다'가 얼마나 다른 표현으로 변화되며 활용되는가를 살펴보자는 겁니다. 저는 그 예를 쉽게 떠올릴 수가 없군요. 언어 본래의 형태가 심하게 변형되거나 의미의 선명도가 탁해지는 경우가 대부분이었습니다. 예를 들면, '빨간 사과'에서 '빨가스름한 사과'로의 활용은 성립되지 않는 경우처럼요. 그렇다면, 색의 혼합이나 화자(話者)의 다소 주관적인 관찰에 의해 변화하는 색에 대한 표현은 '채색'이 아닌 '채광'이어야 한다는 결론에 도달합니다. 흰 옷을 입은 사람들이 해질녘 석양빛에 물들면 옷감이 '채색(彩色)'된 것이 아니라 '채광(採光)'된 것이 확실하죠. '채색'된 것이 일반적으로 변경하기 힘들고 대체로 고정되어 있는 것으로 본다면 '채광'은 수시로 변경되며 대체로 고정되어 있지 않은 변덕스러운 것이니까요.

채색과 채광으로 나뉜 색채표현 한국어를 통해 옛사람들의 생각을 살짝 엿볼 수 있습니다. 그들은 빛의 간섭과 산란에 대해 어림짐작으로나마 뭔가 느꼈던 걸까요? 빛의 색을 감지하는 우리의 심리변화를 복잡하게 표현한 것은 '채광'에서 그리고 '형용사형' 꾸러미에서 두드러지게 나타납니다.

아무렇습니다, 한국어

ㄱ. 붉다

불그데데하다, 불그레하다, 불그름하다, 불그무레하다, 불그숙숙하다, 불그스레하다, 불그스름하다, 불그죽죽하다 등

ㄴ. 누르다

누르께하다, 누르디누르다, 누르무레하다, 누르스레하다, 누르스름하다, 누르퉁퉁하다, 누릇하다, 누리끼리하다 등

ㄷ. 푸르다

푸르께하다, 푸르르데데하다, 푸르뎅뎅하다, 푸르디푸르다, 푸르무레하다, 푸르스레하다, 푸르스름하다, 푸르죽죽하다, 푸르퉁퉁하다 등

ㄹ. 검다

거머무트름하다, 거머번드르하다, 거머번지르하다, 거무끄름하다, 거무데데하다, 거무뎅뎅하다, 거무레하다, 거무숙숙하다, 거무스레하다, 거무스름하다, 거무접접하다, 거무죽죽하다. 거무충충하다. 거무칙칙하다, 거무튀튀하다 등

ㅁ. 희다

희끄무레하다, 희끔하다, 희디희다, 희맑다, 희멀끔하다, 희멀쑥하다, 희묽다, 희번주그레하다, 희번지르르하다. 희번하다. 희부옇다, 희붐하다 등

* 해소

빛 그리고 색의 정체는 무엇일까요? 푸른 바다[1]를 머릿속으로 떠올려 봅시다. 스마트폰이나 노트북을 열어 푸른 바다를 검색해 볼 수도 있겠습니다. 눈앞에 바다가 보이는 경우라면 가장 좋겠지만, 그런 경우는 드물겠죠. 우리는 확실히 푸른 바다를 보는 걸까요? 바다가 푸르다는 건, 우리가 눈으로 볼 수 있는 가시광선(可視光線) 중에서 푸른빛이 유독 바닷속으로 빠져들지 못하고 튕겨져 나와 바다보다 더 깊은 우리의 눈동자 속으로 빠져들었기 때문입니다. 달리 말하면, 우린 바다로부터 쫓겨난 빛깔을 마치 바다의 고유색상인 양 여긴다는 겁니다. 이것이 색을 느끼는 숨은 진실입니다. 바다 입장에서는 좀 황당할 수 있겠죠? 어쩔 수 없습니다. 우리는 빛깔 그리고 색깔을 늘 이런 식으로 인식합니다.

잘 익은 사과로부터 쫓겨난 붉은 빛깔을 사과의 색깔로 인식하고 개나리에게 쫓겨난 누른 빛깔을 개나리 색깔로 인식하는 것처럼요. 머릿속에서 우리는 사과 모르게 사과를 빨갛게 채색하고 개나리 모르게 노랗게 채색했습니다. 모든 빛을

---

1 '푸른 바다'가 맞는 표현입니다. '파랑 바다'라는 표현은 억지스럽고 어색합니다.

아무렇습니다, 한국어

다 사귀고픈 잎사귀라 해도 유독 초록색이 가장 사귀기 싫은 빛깔이었을 수도 있겠죠.

자연을 넘어 머나먼 우주까지 탐사하는 지금의 과학기술의 도움으로 빛과 색에 대한 대부분의 비밀이 풀렸지만 한국어를 만들어 가는 옛사람들의 과거 상황이란, 분명 지금에 비해 녹록치 않았을 겁니다. 그런 불확실한 상황에서도 빛과 색을 구분 지으려 애쓴 흔적이 남은 이유는 무엇일까요? 햇빛, 그리고 불빛을 보며 본래의 색깔과 다른 빛깔 그리고 그 빛깔에 영향을 받는 색깔을 보며 한국인들은 무엇이 본질적이며 무엇이 본질적이지 않은지 구분 지으려 애쓴 게 아니었나 하는 생각이 듭니다. 물론, 더 근본적인 걸 탐구하자면 색깔마저도 빛깔의 일부로 포함되어야 마땅하지만 거기까지 당시의 사람들에게 요구하는 건 아무래도 무리가 있어 보입니다. 현대에 이르러서야 색의 혼합과 빛의 혼합이 명확히 구분되어 정리되었다는 점을 명심해야 합니다.

ㄱ. CMYK(Cyan+Magenta+Yellow+blacK) - **색의 혼합** - **감산혼합**
감산혼합(減算混合) - 색을 더할수록 명도(밝음)가 낮아집니다. 즉, 빛을 적게 튕겨 냅니다.

ㄴ. RGB(Red+Green+Blue) - **빛의 혼합** - **가산혼합**

가산혼합(加算混合) - 색을 더할수록 명도(밝음)가 높아집니다. 즉, 빛을 많이 튕겨 냅니다.

　끝으로, 한 가지 의문스러운 점이 남았습니다. 한국어는 색깔과 빛깔을 나누려 했고 빛깔 중에서도 고정형에 가까운 명사형이 아닌 변동형인 형용사형에 그 활용형을 많이 만들었습니다. 그런데 이 애매하면서도 통일되지 않은 그 많은 형용사 활용형은 무얼 의미하는 걸까요? 정론이란 게 없는 이 시점에서 저는 이렇게 추측합니다. 그것은 사물들이 지닌 본래의 색깔이 아닌 한국인의 눈에 비쳐지는 빛깔에 대한 왜곡량을 표현하고 있는 것이라고 말입니다. 정확한 표현은 아닙니다만, 여기에 가장 흡사한 개념이 하나 있습니다. 스펙트럼(spectrum)이라고 하죠. 색깔에 덧입혀져 수시로 그 정체를 혼란스럽게 하는 바로 이 빛깔, 여기에 대한 공통된 의견을 확정할 수 없다는 그 원리를, 우리 한국인들은 무의식적으로 인식하고 있습니다. 갖가지 색을 발하는 빛깔, 구분되지도 않을 빛의 형상을 뜻하는 또 하나의 표현이 있습니다. 이미지(image)라는 것이죠. 스펙트럼에 대한 공통된 합의가 있을 리 만무했고, 그렇다고 해서 관찰자들 멋대로 파생시켜 주지도 않을 어떠한 생각의 묶음이 필요했을 겁니다.

한국어 사회공동체는 채색을 기반으로 색깔을 구분 지었습니다. 또한 채색에 막대한 영향을 끼칠 채광의 중요성도 놓치지 않았습니다. 색깔이란 고정불변으로 고유성을 나타내는 것이 아닙니다. 한국어의 채색 5가지 표현과 채광 5가지 표현을 통해 우리는 생각해 봐야 할 것들을 많이 확보했습니다. 질문이 넉넉하게 확보된 이상, 대답은 더욱 풍요로울 것으로 기대합니다. 한국어적인 사고방식은 결코 간단한 게 아니었습니다. 온통 이미지의 영향이 본질을 시시각각으로 변화시킬 수 있다는 점을 어쩌면 그렇게도 복잡다단하게 활용하는지 그저 놀라울 따름입니다.

* 부속

이누이트, 그러니까 흔히 에스키모로 잘못 알려진 극한(極寒)지에 사는 부족은 눈(雪)을 표현하는 단어가 수백 개나 된다고 합니다. 오징어 중에는 시력이 무려 1.0을 넘는 것도 있다고 합니다. 안경을 쓰고 있는 제 시력마저 가뿐히 능가하네요. 하지만, 이들은 질투나 부러움의 대상이 전혀 아닙니다. 그냥 그렇구나 하는 호기심과 탐구의 대상으로서는 충분하지만요. 한국인은 평생 눈 속에 둘러싸여서 그래서 눈을 온종일 쳐다보며 살 일도 없거니와, 오징어보다 약한 시력일지언정 오징어와는 비교도 되지 않을 엄청난 두뇌를 보유했습니다. 더 많은 것, 더 잘 보이는 것은 그리 중요한 능력이 아닙니다. 더 다양한 생각을 담아내고 더 깊이 분석할 수 있는 그런 언어와 사고방식을 갖추는 게 더 나은 우리를 위해 할 일이라고 생각합니다.

아무렇습니다, 한국어

4. 억측은 시작되고

장소 혹은 시간을 구분하는 점에 있어서 한국어는 영어와 흔히 비교되곤 합니다. 늘, 영어의 엄밀함과 가혹하리만치 정돈된 표현체계에 비해 한국어는 체면치레하는 것조차 부족하다는 평이 많습니다. 뭐, 인정할 만한 건 인정해야겠죠. 하지만, 언어는 우열을 다투는 그런 수단으로 한정시킬 수만은 없습니다. 그럼, 인칭이나 지칭하는 표현에 있어서도 한국어는 과연 영어만 못한 걸까요? 영어에서는 찾아보기 힘든 그런 체계가 전혀 없는 건가요?

* 계기

욕망이라는 게 늘 같은 모습으로 나타나지는 않을 줄 진작에 알고 있었지만, 이런 정도까지일 줄은 미처 몰랐습니다. 저 혼자서는 어쩌지 못할 영역에서 불쑥 고개를 들어 노려보는 욕망의 시선을 피하는 것은 거의 불가능했습니다. 대충 보더라도 그것은 일반적인 욕망의 모습도 절대 아니었고 욕망이라고 할 수조차 없는 성격의 것이었습니다. 차마 이런 것도 욕망의 범주에 포함시켜야 하는지 모르겠습니다만, 기왕 모르는 거 끝까지 모른 채 밀어붙여 보려 합니다. 이런 괴팍한 특성이 아마도 욕망의 진면목이라면 기꺼이 응해야죠. 그래서 무턱대고 입 밖으로 내뱉었습니다. "한국어에는 'ㄱㄴㄷ'의 원칙이라는 게 있습니다." 거 무슨 돼먹지 못한 궤변일까요. 일단 저는 궤변이라고 지정했으니 더 이상 여기에 대해 왈가왈부하지 않기로 합시다. 이제 한낱 음소에 불과했던 'ㄱㄴㄷ'의 위력을 나름 증명하는 시간을 갖겠습니다.

* 착상

"'ㄱㄴㄷ의 원칙'이라고 혹시 들어봤습니까?"

"아뇨, 처음 듣네요. 그런 게 있었나요?"

"있을 리가요. 제가 만들어 낸 것이니 당연히 없을 수밖에요. 한번 들어 볼래요?"

"네, 들어나 봅시다."

이렇게 출판 관계자와 대화를 주고받으며 이 어처구니없는 설명이 시작되었습니다. 어쩌면 설명보다는 설득에 가깝겠네요. 한눈에 들어오도록 예시를 나열하겠습니다. 약간 옛스러운 말투를 사용한 건 그럴 만한 이유가 있습니다.

ㄱ. 이리 오거라

ㄴ. 이리 오너라

ㄷ. 이리 오더라

위의 세 문장은 단 한 글자, 그것도 음소 중에서 자음 하나만을 달리하고 있을 뿐입니다. 그런데, 그 의미는 사뭇 다릅니다. 왜일까요? 만일 이 문장들을 외국인이 읽는다면 뉘앙스의 차이를 제대로 알아챌까요? 핵심적인 뜻은 아마 이해할 겁니다. 간혹 언어 감수성이 뛰어난 외국인이라면 뭔가 잡아낼 수도 있겠죠. 이것은 형용사형의 규칙변화도 아닐뿐더러, 단순한 오탈자도 아닙니다. '이리 오러라'라는 말은 없습니다. 딱, 'ㄱ에서 ㄷ까지'만 적용됩니다. 아쉽게도 모든 한국어 표현에서 이게 적용되지는 않죠. 이 점이 못내 안타깝기는 하지만, 저는 이 정도로 만족하며 이 발견을 두고 즐거워합니다. 제 욕망이 차고 넘치면 다른 욕망의 그릇에 부어 넣으려는 욕망이 함께 들러붙습니다. 그래서 지금 여러분에게 욕망을 샘솟게 하려고 이렇게 종용하는 것이기도 하고요. 욕망이 서서히 저 밑에서부터 차오르는 것이 느껴집니까?

구분	발화자	현장성	대상자	현장성	청취자	현장성
이리 오거라	1인칭	있음	2인칭	있음	2인칭	없음
이리 오너라	1인칭	있음	3인칭	없음	2인칭	있음
이리 오더라	1인칭	없음	2+3인칭	있음	2인칭	있음

위와 같이 제가 생각한 것을 표를 사용하여 정리했습니다만, 선뜻 와닿지 않을 거라 생각합니다. 한눈에 파악하는 것도 어렵습니다. 당연합니다. 발화(發話)자와 청취(聽取)자 간의 대화에 초점을 맞춘 방식에서 벗어나는 형태로 재구성했기 때문이죠. 청취자는 일단 발화자의 내용을 들은 불특정 단수 혹은 복수의 잠재적 대상자들을 지칭하는 것으로 한정하겠습니다. 그렇게 하는 이유는 발화내용에 대한 영향력을 확실히 구분하기 위함입니다. 또한, 내용상 대상(對象)자라 함은 발화자의 요구, 명령, 지시 등에 적용되는 사람을 의미합니다.

아주 오래전에 들은 농담이 생각납니다. 아주 멀리 떨어져 있는 사람끼리는 대화하기가 힘들다는 그런 내용의 이야기였습니다. 그 이유가 뭐냐고 묻는 사람에게 한심하다는 듯이 대답이 날아듭니다. 중간에 있는 사람들이 그 말을 몽땅

아무렇습니다, 한국어

들어 버리기 때문에 정작 전달받아야 할 사람에게는 들을 게 별로 남지 않는다는 그런 시시한 답변이었습니다. 웃음 말고도 이 농담이 주는 의미는 무엇일까요? 그것을 위한 적합한 단어가 하나 있습니다. 체면(體面)입니다. 내가 상대방으로부터 존대를 받는다는 것 말고도 제3자가 들었을 때 존대를 하거나 또는 존대를 받는 입장을 분명히 해야 함을 의미하는 것이죠. 단체생활을 하는 사회 내에서는 제3자로부터 존대 여부를 객관적으로 확인받아야 할 필요성이 발생합니다. 속칭, 면이 서야만 하는 겁니다. '남 보기 부끄럽다'라는 표현에서의 그 '남'이라는 존재는 특정되지 않습니다. 여기에서 우리는 현장(現場)성에 대한 고민을 해야 합니다. 당연히 면을 세우기 위해서입니다.

표에 대한 이해를 돕고자 하나의 사고실험을 하겠습니다. 시간을 계급구조가 엄격한 신분사회로 돌려 보겠습니다. 저는, 신분이 낮은 천민이라고 가정합니다. 주인(발화자)이 저를 불러 세웁니다. "이리 오거라!"라고 하네요. 저(대상자)는 주인이 있는 곳으로 신속하게 다가갑니다. 하지만 같은 말을 들었던 동료(청취자)는 먼 산을 보며 딴청을 부리겠죠. 저는 동료의 그런 태도가 괘씸하지만, 이미 주인에 부름에 응답한 이후라 어쩔 수 없습니다. 분한 마음을 삭이며 주인에게로 향합니다. 이제 주인은 저를 특정한 상태로 현장상황이 전개되었으니까요(발화자, 대상자 현장성 있음). 동료는 현장에서 이미 벗어난 셈입니다(청취자 현장성 없음). 자, 여기까지가 '이리 오거라'에 해당하는 예시였습니다.

주인이 저를 부른 것은 심부름을 시키기 위해서였습니다. 저는 주인의 심부름차 다른 높은 신분의 집을 방문하기로 합니다. 신분이 낮은 저로서는 그런 집에 함부로 찾아가는 것이 걱정되지만, 그래도 주인어른의 지시에 의한 것이니 명분은 충분합니다. 오랜 시간을 걸어 고관대작의 집 앞에 당도합니다. 대문은 크고 닫혀 있어서 집 안에 누가 있는지조차 알 수 없습니다. 그래서 저(발화자)는 큰 소리로 외칩니다. "이리 오너라!" 아무런 인기척이 느껴지지 않습니다. 한 번 더 크게 외칩니다. "이리 오너라!" 대문 밖 주변에 있는 행인(청취자)들이 저를 돌아볼 정도로 큰 소리였습니다.(청취자 현장성 있음) 그때, 대문 안쪽에서 헛기침 소리가 들려옵니다. 아무래도 심상치 않은 분위기입니다. 대문을 열고 나온 건 뜻밖에도 그 댁 주인(대상자)이었습니다. 윗사람에게 함부로 말을 낮춘 걸 염려한 저로서는 이런 낭패가 또 있나 싶습니다. 하지만 그 댁의 주인은 저를 나무라지 않습니다. 대신, 주인은 호기심 어린 눈으로 저를 쳐다봅니다. 그리고 제가 찾아

아무렇습니다, 한국어

온 이유를 알았다는 듯이 저를 데리고 집 안으로 들어갑니다. 그러고는 우리집 주인이 부탁했던 지필묵을 보자기로 단단히 싸매어 건네줍니다. 건네받은 지필묵 보따리를 들고 그 댁에서 나오는 저는 정신이 아득합니다. 다리가 후들거리고 진땀이 배어 나옵니다. 저는 그 댁 주인이 나올 줄은 미처 예상치 못했습니다. 그래서 존댓말을 하지 않았습니다. 그저 낮은 신분의 저와 비슷한 그 집의 하인이 나오리라고 예상해서 그랬던 거죠. 그 속내를 알기에 그 댁 주인은 저를 혼내지도 않고 묵묵히 제 심부름을 마치도록 도와주었죠. 왜 그랬을까요? 저를 그 댁 주인의 불호령에서 구해 낸 면책특권이 있기라도 한 걸까요? 네 있었습니다. 저를 살린 건 바로 굳세고 튼튼한 그 댁의 대문이었습니다. 대문 하나를 사이에 두고 그 댁 주인과 저는 얼굴을 맞대고 있었는지도 모릅니다 (발화자, 청취자 현장성 있음). 대문 밖에서는 도저히 대문 안을 들여다볼 수 없습니다. 그건 대문 안에서도 마찬가지였고요(대상자 현장성 없음). 그래서 체면이라는 이 무시무시한 포위망 속에서도 안전했던 것입니다. 여기까지가 '이리 오너라'에 해당하는 예시였습니다.

요동치는 가슴을 부여잡고 돌아온 집에서는 무슨 사건이라도 벌어진 것처럼 부산스러웠습니다. 이건 무슨 일인가 싶어 지나가던 동료를 붙잡아 놓고 물었습니다. 동료는 저를 마치 죽었다 살아난 사람처럼 반겼습니다. 무슨 일이냐고 묻자, 동료는 오히려 무슨 탈 없었느냐고 되묻습니다. 동료 얘기에 따르면, 제가 심부름 갔던 그 댁 주인이 지필묵을 넘겨 준 뒤 제 뒤를 몰래 따랐다는 겁니다(발화자 현장성 없음). 마치 우리집으로 오는 것처럼요. 동료(발화자)는 놀란 눈으로 말했습니다. 저(청취자)를 뒤쫓아 그 댁 주인(대상자)이 '이리 오더라'고요(대상자, 청취자 현장성 있음). 그런데, 놀라운 것은 큰 재를 막 넘으려던 그 시간에 그 주인의 뒤를 호랑이가 몰래 따르더라는 겁니다. 그 이후에 벌어진 일은 차마 입으로 옮길 수 없겠습니다. 무슨 이유로 그 댁 주인이 저를 따라왔는지, 또 호랑이에게 그렇게 변을 당했는지는 알 수 없었지만 저는 하늘이 도왔는지 주인의 심부름을 무사히 마칠 수 있었습니다. 저는 가슴이 너무 뛰어서 뒤도 확인해 볼 겨를이 없었는지도 모릅니다. 저는 지필묵 보따리를 주인에게 바치고 돌아오는 길에 그만 다리에 힘이 풀려 자리에 철퍼덕 주저앉았습니다. 여기까지가 '이리 오더라'에 해당하는 예시였습니다.

제가 하나하나 예를 들어가며 설명하려고 노력했지만, 이 예시만으로는 저의 주장에 선뜻 동의하기 어려울 수도 있습니다. 인정합니다. 저도 처음에 이걸 생각할 때는 너무 어려웠거든요. 혼자 생각한 것을 여러분에게 설명하려다 보니, 뜻하지 않은 또 다른 어려움에 봉착했습니다. 고민을 거듭해 꺼낸 것이 이 예시였는데 여러분의 이해에 조금이나마 도움이 되었는지 모르겠습니다. 제가 원칙이랍시고 내놓은 결과물은 보편적으로 내세울 만한 건 아니니 그냥 재미로 읽고 넘어가면 좋겠습니다. 하지만, 저는 포기하지 않을 겁니다. 저를 포기하지 못하도록 붙들어 두는 건 두 번째로 설명한 '이리 오너라' 부분입니다. 엄격한 신분사회에 적용되는 높임말에서 자유로울 수 있던 그 특권이라는 게 도대체 뭘까 하는 의문이 남았습니다. 체면이라는 게 작동하기 때문인 듯한데 여기에서 당장 그것을 다루기에는 다소 어려움이 있습니다. 기회가 되면 끈덕지게 다룰 예정입니다. 이걸 해결하려면 선결해야 할 문제가 남습니다. 아마도 이 문제는 한국어가 완전 소멸할 때까지 남을 것으로 예상됩니다. 그것은 바로 한국어의 존대법입니다.

한국어는 존대법이 고도로 발달한 언어입니다. 복잡한 구성원리와 미묘하고도 섬세한 변화에 있어서는 다른 언어가 쉽사리 따라붙지 못할 정도입니다. 왜 그럴까요? 거주면적이 좁은 데 비해 인구수가 상대적으로 많은 인구밀집도가 높은 지역에서 발달한 언어라서 그런 것일까요? 그런 점도 하나의 이유가 되긴 하겠지만 원인을 완전하게 설명하기에는 부족합니다. 인구밀집으로 인해 발생될 만한 문제는 헤아릴 수 없을 정도로 많습니다. 하지만 문제점들이 그렇게 다양하다고는 볼 수 없고요. 잦은 횟수에 더 초점을 잡아야 마땅하다고 봅니다. 동일한 문화와 언어를 공유하는 사회 내에서 반복되지만 비교적 비슷한 상황 하에서 벌어지는 사건을 한국인은 어떤 식으로 해결했을까요? 계급을 나누는 것도 일반적인 해결책이겠습니다. 하지만, 한국인은 더 복잡한 언어 체계를 발달시켰고 그게 지금에 이르는 존대법(높임말)이 아닐까 합니다.

근현대에 이르러서는 다소 엄격했던 계급구조를 벗어나 매우 유동적인 신분변화를 겪는 계층구조를 거치며 높임말은 더욱 시기와 상황까지 고려해야 하는 애물단지가 되어 버렸습니다. 얼마 전까지만 해도 이른바 사람에 속한 사물과 동물 심지어는 서비스까지 높이려는 '사물 존대법'까지 등장했죠. 지금은 좀 덜해졌다고는 하지만, 그래도 암암리에 이 '사물 존대법'이 목격되기도 하는 것이 사실입니다. 상대방에 대해 존대를 하다하다 못해 부속물에까지 존대를 하려는 그 속성은 도대체 어디로부터 기인한 것일까요? 심도 있는 연구가 필요해 보입니다. 존대법에 사용에 관한 단순한 실수나 몰지각 정도로 치부하는 것은 매우 중요한 것을 놓치는 일일 겁니다.

* 해소

한국어에는 아주 특이한 속성이 있습니다. 주어가 쉽게 생략된다는 것이 첫 번째 속성이고, 두 번째 속성은 존대법이 고도로 발달되어 있다는 것입니다. 이 두 가지 속성은 무엇을 우리에게 말하고 있는 걸까요? 약간 다른 이야기를 하고 나서 다시 논점으로 돌아오겠습니다.

지금은 그 의미가 퇴색되어 조금 안타깝지만 '압존(壓尊)법'이라는 것이 있었습니다. 저는 이것을 군대문화에서 제대로 학습했습니다. 계급이 엄격하게 관리되는 조직의 대표격이라 할 수 있는 군대에서는 '보고(報告)'가 일상처럼 이루어집니다. 이로 인해, 자신보다 상급자의 말을 더 높은 상급자에게 보고해야 할 일이 다반사로 일어나는데, 이때 압존법을 제대로 구사하지 않았다가는 아주 제대로 곤혹스러워집니다. 이를테면, 이런 것이죠. "대대장님, 중대장님께서 15시에 오시겠다고 하십니다." 보고자는 경을 치르고도 남을 참담한 내용을 보고한 셈이네요. 내용대로라면 대대장 머리 꼭대기에다 소대장을 모셔 놓은 꼴인 겁니다. 이걸 보고받고 길

길이 날뛰지 않을 대대장은 몇 없을 테죠. 여기서 주목할 점은 주어(主語)입니다. 만일, 이렇게 한다면 아무 문제도 발생하지 않습니다. "소대장님, 중대장님께서 15시에 오시겠다고 하십니다." 첨부하자면, 인격이나 능력은 완전 배제한 채 계급의 높낮이에만 신경 쓰면 됩니다. 인간됨을 보고 존대법 혹은 압존법을 쓰는 것이 아닙니다. 조직 내에서의 위계질서만 이해하면 됩니다. 사람을 높이는 것이 아닌 오로지 계급에만 관심을 두는 것입니다. 다시 논점으로 돌아가겠습니다.

한국어에서는 주어가 자주 생략될 만큼 필수적이지는 않다는 것, 반면에 존대법은 필수적이라는 것은 동전의 앞면과 뒷면처럼 서로를 증명해 주는 것으로 판단됩니다. 앞면 없는 뒷면 혹은 그 반대를 상상할 수 없는 것처럼요. 압존법에서 사람됨이 아닌 계급이 중심 역할을 했듯이, 존대법은 주어가 아닌 사건이 중심입니다. 이 무슨 해괴한 논리냐고 할 테지만, 저는 제 나름대로 퍽 진지합니다. 제가 앞에서 'ㄱㄴㄷ 원칙'을 운운할 때 발화자, 청취자, 대상자 세 단위로 인칭을 나누었으며 그에 더하여 현장성이라는 개념을 도입했습니다. 이는 대문에 가려 보이지 않는 대상에 대해 굳이 존대를 할 필요성을 느끼지 않는 한국어의 방식은 계급성만을 따져 압존법을 행하는 것과 동일한 원리로 작동합니다. 군대에서 벌어진 웃지 못할 촌극 하나를 더 여러분에게 소개할까 합니다. 나이가 40대인 중령이 50대인 상사에게 존대를 하는 것을 목격한 병사 한 명이 중령에게 이렇게 말했습니다. "중령님, 상사님께서 중령님을 좋아하시는 것 같습니다." 앞에서 저는 분명히 군대에서의 압존법은 계급에 의해서만 작동된다고 밝힌 바 있습니다. 분명히, 중령 혼자서 혹은 상사까지 함께 나서서 그 병사의 잘못된 압존법을 지적할 것입니다. 그러나 그 병사가 보는 앞에서 마치 보란 듯이 둘 사이에서는 또, 중령이 자신보다 높은 연배의 상사에게 존대법을 쓸 것입니다. 병사는 무슨 귀신에라도 홀린 기분이겠죠.

한국문화를 깊이 이해하는 사람에게는 별거 아닌 이야기일 수도 있지만, 실은 제3자(청취자)들의 눈치를 보는 체면치레의 결정판이라 할 수 있는 상황입니다. 한국영화 〈불한당〉의 대사 중에 이런 게 있었습니다. "사람을 믿지 마라. 상황을 믿어야지. 상황을…" 장르가 폭력이 난무하는 느와르라서 권하고 싶진 않지만, 그 대사가 전해 주는 의미가 제법 진지해서 저는 이렇게 잊지 않고 기억합니다. 한국어의 존대법, 압존법, 사물 존대법까지 모두 상황이 먼저 고려되어야 함을 한 목소리로 외치고 있는 건 아닐까요. 누가 더 존대받느냐가 아닌 누가 더 존대받아야 할 상황(狀況)이냐로 고쳐

써야 하는 것입니다. 저는 실제상황이라는 점을 더 강조하기 위해 '현장성'이라고 표현했지만 더 적절한 표현이 있을 줄로 믿습니다. 앞으로 더 챙겨 봐야 할 화두라는 정도로 해두고 제 욕망을 여기에서 잠시 거두겠습니다.

* 부속

저는 비종교인입니다. 무신론자이기도 하죠. 하지만, 성경을 좋아합니다. 그것도 현대어로 바뀌기 전의 성경을 무척 좋아합니다. 수많은 사람들의 창작과 번역 그리고 편집이 총망라되어 있는 인류의 문화유산이라는 측면에서 그렇습니다. 그렇게 좋아하다 보면 기독교나 천주교에 귀의하는 것이 아니냔 주변의 걱정에도 저는 그럴 리 없다며 그들을 안심시키곤 합니다. 실은, 아주 어렸을 적 철없이 부모님의 권유에 떠밀려서 교회를 다녀 봤지만, 성인이 되면서부터 인격을 가진 신의 존재를 믿는다는 건, 너무 터무니없어 보여서 교회 다니기를 그만두었습니다. 물론, 인격을 갖춘 신의 존재가 어떤 면에서는 무척 매력적으로 보일 수 있지만 저를 포함한 인간들의 행태를 보면 그도 그닥 좋아 보이지만은 않습니다. 저의 인격이 신에게 티끌만큼이라도 반영되어 있다고 상상해 보면 아주 끔찍합니다. 우리는 짐승에 아주 가까이 있으면서도 아주 멀리 있기도 하죠. 둘 다 양손에 붙든 채, 그 붙든 것들에 이리저리 끌려다니며 살아갑니다. 인간을 두고 세계의 중간자라고도 하던데, 그 표현은 왠지 세상의 균형추라는 데 초점이 더 맞춰져 있는 것 같아 인간인 제가 잠자코 듣기에는 민망한 내용입니다. 대신에 저는 이렇게 표현하고 싶네요. '뒤죽박죽 합의점'이라고.

그건 그렇고, 저는 성경 중에서도 옛 표현으로 쓰여진 성경 보는 것을 즐겨합니다. 읽다 보면 온갖 상상력이 튀어나옵니다. 그중 몇 개를 붙잡아 매어 글을 만들기도 하죠. 저 혼자 조용히 소일하는 방법입니다. 옛 말투의 성경은 종교박해를 감내하던 우리 선조들의 넋을 직접 흡입하는 환상으로 저를 인도하기도 하죠. 지금은 사용하지도 않는 저 고고한 표현법이 사용되었을 당시에는 가혹한 종교박해를 받았을 테죠. 글자 한 자, 한 자를 손으로 짚어 가며 읽을 때면, 육신이 사방으로 찢겨 나가는 신도의 신음소리가 귓전에 메아리치기도 합니다. 처절한 박해 앞에서 목숨까지 내놓았던 그들의 그 필사적인 흔적을 직접 마주하는 기분입니다. 그들의 인간으로서의 숭고함을 깊이 존중하고 또한 안타까워합니다.

오래된 경전, 그 속에는 현대사회에서 외면한 한국어가 버젓이 살아 숨 쉬고 있습니다. 비단 성경만이 아니더라도 다른 경전에서도 그러리라 봅니다. '이리 오너라'라는 말투도 지금은 거의 쓰지 않죠. 쓸 곳이 없다는 게 더 정확하려나요. 현장성이 없는 표현이 되었으니 그럴 만도 하죠. 신분이나 계급을 함부로 넘나들 만한 위험한 표현인 이 '이리 오너라', 혼란스러운 구한말의 정세는 그 표현의 존속마저 위협했을지 모른다는 추측을 해봅니다. 간혹 보이는 문학적 표현과 종교서적으로 숨어들어 간신히 명맥을 유지하는 그 생소한 표현들을 보면 가슴 한구석이 저려 옵니다. 궁핍함이 핍박으로 고난이 시련으로 거대화하고 확장하는 순간에도 삶의 현장성을 표현으로나마 굳세게 붙들고 있었을 선구자들에 대한 저의 심경을 어떻게 말과 글로 다 표현할 수 있겠습니까. 표현의 박해를 피해 숨어든 한국어의 지하묘지를 바라보는 심정을 조금 느껴 보자는 뜻을 밝히며 이번 단락을 마무리 짓겠습니다. 옛 표현들은 절대 죽지 않을 겁니다. 다만, 호흡법을 바꾸며 우리 곁에서 영원히 숨 쉴 것입니다. 그것들은 선언적이고 구태의연해 보일지언정 현대적인 표현으로는 결코 대체불가한 불멸의 아름다움을 지니고 있습니다.

카이사르(Gaius Julius Caesar)의 저 유명한 말 'Veni, vidi, vici'를 이보다 더 어떻게 선명하게 번역할 수 있겠습니까?

'왔노라, 보았노라, 이겼노라'

아무렇습니다, 한국어

5. 한국어 성형

한국어가 된 아니 될 한국어가 있는가 하면, 아니 될 한국어가 된 한국어가 있습니다. 이런 걸 차마 한국어라고 할 수 있을까 싶으면서도 저도 모르게 호응하는 그런 한국어도 있죠. 저는 그걸 한국어라고 말하진 않습니다. 도저히 그럴 수 없습니다. 그런데도, 그걸 버젓이 구사하는 저 자신은 과연 제대로 된 한국어 사용자라고 할 수 있을까요. 경계선에 있는 한국어를 용납하기 전에 저라는 인간이 한국어를 과연 제대로 구사하고 있는지부터 심사해 봐야겠습니다. 그런데 이걸 도대체 누구에게 확인받을 수 있나요?

* 계기

언어는 그걸 사용하는 인간을 배려하지 않습니다. 인간이 언어를 사용해서 다른 인간을 배려하는 건 가능할지 몰라도.

심지어 언어를 직수입하는 상황에서 이 점이 더욱 부각되기도 하죠. 예전 남미 출신의 불개미들이 무역항에 출현한 것에 모두가 신경을 곤두세운 적이 있었죠. 그러면서도 정작 수입을 전면 금지하자는 말을 감히 입 밖에 내뱉지 못하는 것만 보더라도 언어 직수입은 막을 수 없는 일이라는 생각마저 듭니다. 막아서는 안 될 일이기도 합니다. 앞으로는 계속 이런 경향이 더욱 강화되었으면 강화되었지 약화되지는 않을 거라는 전망과 더불어서요.

금 중에는 독성이 거의 없어서 사람이 섭취하는 것도 가능하다고 알려진 안정적인 금속이 있습니다. 그것은 바로 백금 (白金)입니다. 하지만 이 말만 믿고 백금을 섭취하는 일은 없어야 합니다. 백금, 이름만 들어서는 금(金)과 뭔가 상관성이 있다고 여길 만합니다. 그러나 백금Platinum은 원자번호 78, 원자기호 Pt입니다. 원자번호 79, 원자기호 Au인 금Aurum 과는 전혀 다른 금속원소입니다. 금속에 대한 면밀한 분석 작업이 불가능했던 오래전에는 명칭을 붙이는 것이 지금처럼 신중하지 못했습니다. 기술이 지금 수준에 크게 못 미쳤으니 그럴 만도 하죠. 백금이라는 금과 흡사한 명칭만으로 우리는 이를 미루어 짐작할 수 있습니다. 우리 고유 문자인 한글을 사용해서 이를 순수 한글화하는 노력조차 불필요했을 겁니다. 지금까지 우리는 금과 백금 그리고 은을 비롯한 웬만한 금속류는 한자어로 된 문자를 그대로 차용해서 사용하는 중이죠. 여기까지는 뭐 그러려니 하고 그냥 넘길 수 있는 문제입니다. 국가 간의 교역이 활발해진 지금에 와서 우리는 한자어뿐만 아니라 온갖 외국어를 직수입해서 사용하는 상황에 이르렀습니다.

화이트 골드(White gold)라는 금속이 있습니다. 백금을 영어식으로 표현한 것이라 착각하기 십상입니다. 저는 그 점이 염려되어 이렇게 그 정체를 밝히는 데 신경 쓰려는 것입니다. 결론부터 말하면, 화이트 골드는 절대 백금이 아닙니다. 게다가 단일한 금속원소도 아닙니다. 금과 니켈에 아연, 주석 또는 구리 등을 섞은 합금입니다. 백금은 금보다 더 희소합니다. 따라서 화이트 골드는 백금과 최대한 비슷하게 만든 일종의 기획성 귀금속입니다. 그 가격은 백금이나 금에 못 미칠 정도로 낮습니다. 백금은 백금이고 화이트 골드는 화이트 골드입니다. 영어를 모국어로 하는 이들은 이 점을 혼동할 우려가 없죠. 그들에게 있어 백금은 'White gold'가 아닌 'Platinum'이니까요. 그렇다고 해서 White gold는 백금과 그 명칭상 혼동을 일으킬 우려가 있으니 영어권 사람들에게 다른 명칭을 사용해 달라고 요청할 수 있겠습니까? 비웃음이나 살 우려가 있겠죠. 한국에서 새 명칭을 별도로 지어 보낸다고 해도 그들은 콧방귀도 뀌지 않을 겁니다. 명칭 사용이 불편하면, 우리가 직접 구분 지어 사용해야 하는 것이죠. 그럼에도 그럴 조짐이 전혀 보이지 않습니다. 귀금속에 대해 잘 모르는 일반 소비자들을 현혹하기 위한 상술에 대해 눈감아 주려는 의도에선지 뭔지 그 속사정을 저는 잘 모르겠습니다만, 조짐이 썩 좋지 못합니다. 가령, 악의적인 금속상은 'White gold'라고 하며 웃돈을 얹어 판매하고 소비자는 그 말만 대강 유추해서 '백금'이려니 하고 진짜 백금보다 비교적 저렴하게 구입했다는 만족감으로 충만하겠죠. 나중에 속았다는 것을 알게 되어 환불이나 교환을 요구하며 항변하더라도 판매한 쪽에서는 모른 척 발뺌할 여지가 많아 보입니다. 피해자의 입장에서 보면, 정말 울화가 치미는 일이 아닐 수 없습니다. 이건 가벼운 말장난도 아닌 데다가, 손해배상을 청구할 대상도 마땅치 않기 때문입니다. 이 뚜렷하지 않은 모호함으로 언제까지 선의의 피해자들을 방치해 둘 것인지 참 난감할 따름입니다. 새로운 개념이나 제품 그리고 물질에 대해 자국어화에 열을 올리는 다른 선진국들의 노력을 단지 괴팍한 고집스러움이라 가볍게 여긴 대가를 치르는 중인지도 모르겠습니다.

아무렇습니다, 한국어

자국어 변용이 아무래도 불가능할 경우 정관사 Le라도 붙여 자국어화를 하려는 프랑스의 사례만 보더라도, 그들의 그런 노력은 본받을 바 이상의 의미를 우리에게 전해 줍니다. 뿐만이겠습니까? 노벨문학상은 작가의 국적에 따라 수상(授賞)하지 않습니다. 책이 출간된 초판이 사용하는 언어에 대해 수상합니다. 만약 한국인이 중국 출판사에서 중국어로 초판을 내어 노벨문학상을 수상(受賞)하면 중국이 노벨문학상을 가져간다는 뜻입니다. 이쯤 되면, 자국어 변용은 고려해 보고 말고 할 문제를 가뿐하게 넘어선 심각한 사안입니다.

 아예 몰라서 글자 그대로 외우거나 잘 알아서 철저하게 구분하거나 하는 경우가 아닌, 압도적 대다수 사람들의 경우에 해당하는 어설프게 알아서 혼동하기 딱 좋은 표현이 주는 피해에 대해 잠시 고민해 보았습니다. 실제 피해가 얼마나 이어지고 있는지 가늠하기조차 어렵습니다. 이런 잠재적인 문제는 한국어의 국제적 위상과는 전혀 상관없이 별도로 해결해야 할 일입니다. 사회 신뢰도를 비용으로 환산하는 세상 속에서 우리는 살아가고 있습니다. 이런 상황을 모른 채 무분별하게 외국어 표현을 직수입해서 그대로 사용하다간 사회 신뢰도가 얼마나 위태로울 수 있는지 고민해야 할 때가 되었음을 이제 깨달아야 합니다.

* 착상

한글이 완성되어 세상에 반포된 시기는 1446년 9월입니다. 그 시기를 기점으로 한 대대적인 한글 전용화의 움직임은 그로부터 한참 후였겠지만, 그리 만족스러운 수준에 도달하지 못했습니다. 더구나 한자어 전용에 대한 영향력은 도저히 무시할 정도가 아니죠. 지금도 한자어로 이루어진 단어가 국어사전의 절반 이상을 차지하고 있는 게 현실입니다. 하지만 한글 전용화에 앞서 한자식 한국어 표현에 대해서는 별도의 논의가 필요할 것으로 사료됩니다. 단순 한자 해석만으로는 도저히 그 내막을 이해하기 힘든 표현들이 한국어 깊숙이 배어들었기 때문입니다.

한(韓)이라는 글자가 주는 의미가 한국에서 그리고 중국에서의 의미는 무척 다릅니다. 한국에서야 지금 '대한민국(大韓民國)'이라는 공동운명체를 구성하는 의미의 대표격 약자(略字)로 사용되는 게 일반적인 용례입니다. 그런데, 중국에서는 그런 의미와는 별개로 글자의 원천을 따지자면 기원전 403년에서 기원전 230년까지 존재했던 전국시대의 나라 중 한 곳의 국명(國名)을 뜻합니다. 이제 대한민국이 글자의 소유권을 주장할 테니 한(韓)이라는 글자에 대한 독점적 지위를 한국에 인계하라고 중국 측에 요구할 수 있을까요? 누가 보더라도 받아들여지기 힘든 요구입니다. 한국은 무슨 뜻에서 기원전 200여 년 전에 멸망해 버린 중국의 나라 이름을 갖다 쓰기로 한 것일까요? 아마도 '한'이라는 고대부터 내려온 여러 가지 해석이 분분한 문자 가운데, 가장 발음상 유사하면서도 적절한 한자어 '韓'을 선택했으리라 보는 것이 타당합니다. 다시 말하면, 글자 자체에 대한 의미심장함은 고려치 않았다는 얘기입니다. 이것은 한국어에 무슨 의미를 가져다주는 걸까요? 독점적 지위도 주장하지 않으면서 오역의 소지를 고스란히 남겨 둔 채 말입니다. 어차피 언어라는 건 압도적인 활용횟수와 현대적 지위에 의해 결정된다는 굳센 믿음으로 결정되는 것임을 재확인해야 하는 건가요? 한국 표준어에 대한 규정을 확인해 봅니다.

"교양 있는 사람들이 두루 쓰는 현대 서울말로 정함을 원칙으로 한다."

—국립국어원

'교양 있는, 두루 쓰는, 현대, 서울말'이 정확하게 재정의 되어야 할 필요성이 있습니다. 내용 전부를 다루는 것은 전문가나 학술분야의 종사자들에게 맡기고 저는 여기에서 '두루 쓰는'이라는 점에 우선 집중하려고 합니다. 두루 쓴다는 것은 사실 무책임한 표현입니다. 이건 통계적인 책임을 회피하기에 더없이 좋은 표현이잖습니까. 압도적 대다수도 아니고 과반수 이상도 아닌 데다가, 영향력 있는 사람들이 진지한 자세로 선별하는 것도 아닌 두루뭉술한 위치에 그 기준이라는 것이 둥실 떠 있는 모양새입니다. 처음에 이런 규정을 알았을 때 허탈함이 엄습했지만, 어쩔 수 없잖습니까. 그렇게 규정되어 있는 것을 누구도 어쩌지는 못합니다. 누가 왜 이런 식으로 규정했는지 그 연원을 밝히는 것도 만만치 않은 일이겠고요. 인정하기는 싫지만 인식해야 합니다. 한국 표준어의 규정이 현재 이렇다는 것을요. 다만, 표준어 규정의 서술어를 보면 아주 재미있는 점을 발견할 수 있습니다. '~ 정함을 원칙으로 한다.'라고 했네요. 원칙이 아닌 것은 표준어가 아님을 규정하기도 했지만, 원칙상 그 예외를 두는 게 허용된다는 상식에 비추어 보면 규정이라는 것이 전혀 융통성 없는 건 아니군요. 이에 몇 마디 더 보태자면, 원칙 뒤집기를 수시로 해온 한국 근현대사에 비추어 보면 규정의 마무리가 왠지 위태롭고 처량해 보이는 건 저만의 착각일까요.

한국 표준어 규정에 입각해서 몇 가지를 더 추정해 볼 수 있습니다.

아무렇습니다, 한국어

ㄱ. 한국 표준어, 사용자에 의해 변화할 여지가 충분히 있는 언어입니다. '교양 있는 사람들'이기만 하면, 그 누구라도 심지어 한국인이 아닌 다른 국적의 사람이라도 가능하다는 여지를 남겨 놓았습니다. 덧붙이자면, 교양 없는 사람들이 쓰던 말이 교양 있는 사람에게 옮아가면 표준어로 인정될 가능성이 있습니다. 또한 교양 없던 사람들이 교양 있게 되면 그들이 즐겨 쓰는 언어마저도 신분상승의 기회가 주어지는군요.

ㄴ. 한국 표준어, 통계적인 결과로부터 자유롭습니다. '두루 쓰이기만' 하면 그 어떤 언어라도 표준어화할 수 있습니다. 외국어, 외래어, 토착어, 변용어 등의 과정을 절차적으로 엄밀하게 나뉘어 사용되지 않습니다. 요즘에 들어와서는 이런 경향이 부쩍 늘었습니다. 뿐만 아니라, 사용 계층별로 분화되어 있지도 않고 유동성에 대해서도 그 기준이 마련되어 있지 않습니다. 별도의 합의나 선별과정이 없으며 그런 결정을 내릴 기관이나 기구도 존재하지 않습니다. 있다손 치더라도 결정에 대한 막강한 권한이 주어지지 않습니다.

ㄷ. 한국 표준어, 현실적이고 자발적입니다. '현대 서울말'이면 어떤 표현이든 표준어가 될 충분한 잠재력이 있습니다. 즉흥적이어도 가능하고 자체 모순성을 지녀도 개의치 않습

니다. 출처에 대해서도 밝힐 필요가 없습니다. 현재성이 있느냐에만 그 관심을 가질 뿐입니다. 그리고 그 표현이 수도권에서 소위 먹혀드는 거라면 형성원리에 대해서도 심사하지 않습니다.

종합적으로 판단하면, 한국 표준어란 형성에 관한 엄밀함보다는 현재에 대한 영향력에 그 가중치를 부여하고 있습니다. 더 심하게 말하자면, 통제에 대한 의욕마저 상실된 규정으로도 보입니다. 통제라는 말이 억압이라는 것과 잘 어울리기는 하지만, 자율과 동떨어진 개념은 아닙니다. 한국어를 사용하는 사람이라면 누구나 무분별한 비속어 난립, 미디어의 무한 확장성, 교양의 퇴색이 한데 어우러져 현대 서울을 지배하고 있는 현실임을 자각해야 합니다. 한국 표준어 규정은 아예 그 무력함을 무방비하게 노출하고 있습니다. 언젠가 정부기관에서 교육구성원에 대한 호칭을 두고 '쌤'으로 통일하자는 발표가 있었습니다. 개탄스러움을 넘어 한숨부터 나왔습니다. 누구의 제안인지는 몰라도 거기에 호응하는 다수의 동의가 더 우려되는 사례입니다. 많은 서울 사람들이 교양을 유지하기만을 바랄 수밖에 별 도리가 없겠습니다. 교양이라는 말이 갖는 그 뜻의 모호성은 저 멀리 미뤄 두고서요. 한국 표준어 규정의 개방성과 유연성에 대해서는 심도 있는 논의가 더 있어야 할 줄로 믿습니다. 그리고 바람직한 방향을 기대합니다.

한국어에 대한 다른 언어의 영향력은 막강했습니다. 그럼에도 불구하고 한국인의 독특한 사고방식은 단순한 흡수, 도입 이상의 모습을 보여준 것도 사실입니다. 한자어에 대한 기묘한 쓰임새를 발견하고서 이미 한국어화된 한자어에 대해 살펴보려고 합니다. 글자 그대로의 문자 분석만으로는 정확하게 그 의미를 확정하기 힘든 그런 한자어들이 존재합니다. 문자의 의미와 활용상 의미가 제법 심각하게 다른 표현들을 몇 개 선정했습니다.

의리(義理)

문자해석: 옳을 의(義), 도리 리(理). 사람으로서 지켜야 할 바른 도리.

활용의미: 남과 사귈 때 지켜야 할 도리.

1919년 3월 1일 일본 제국주의에 대한 비폭력 평화 만세 시위가 한반도 전역에서 일었습니다. 그 시위의 정신을 담은 3·1독립선언서의 내용 중에는 유독 저의 눈길을 끄는 대목이 있었습니다. 그 대목은 이렇습니다. "일본의 학자와 정치가들이 우리 땅을 빼앗고 우리 문화 민족을 야만인 대하듯 하며 우리의 오랜 사회와 민족의 훌륭한 심성을 무시한다고 해서, 일본의 의리 없음을 탓하지 않겠다." 일본을 질책하는 내용 중에서 참으로 느닷없게도 일본의 '의리 없음'을 탓하지 않겠다뇨? 일본이 당시 조선과 무슨 의형제를 맺기라도 했단 뜻일까요? 아닙니다. 그런 뜻이 아닙니다. 3·1독립선언 서에서 의미하는 '의리 없음'이란 아마도 '사람으로서 지켜야 할 바른 도리가 없음'을 의미할 것입니다. 저는 이 부분을 텔레비전 방송을 통해 처음 맞닥뜨렸을 때 무척 당황했습니다. 당황을 넘어 황당하기까지 했습니다. '의리'라는 말은 현실적으로 정말 그 '의리'라는 걸 지키기 힘든 그런 부류들이 남발하기 일쑤인 그런 표현으로 저는 인식하기 때문입니다.

저는 보통은 의리라는 것의 의미를 무척 협소하게 보고 있습니다. 때론 그것은 사회적인 규약을 어겨서까지 개인 간의 이익을 보호하려는 시도로 이해합니다. 혹은 개인 간의 이익을 거래하는 범주에서 더욱 좁혀 상대에 대한 자신의 불이익을 기쁜 마음으로 감수하겠다는 각오의 일환으로도 비쳐집니다. 그런데, 이런 의미로 일본의 '의리 없음'을 탓하면 도저히 말이 되지 않습니다. 보기에 따라서는 마치 조선과 일본 사이에 어떤 모종의 거래가 존재하는 것처럼 오인될 우려마저 있는 것입니다. 여기에서는 '의리'라는 것을 문자 그대로 해석할 것이 요구됩니다. 일체의 왜곡이나 확대해석은 금물입니다. '사람으로서 지켜야 할 바른 도리' 외에는 다른 해석은 엄금(嚴禁)합니다. 정리하자면, 이 경우에는 '의리'를 활용의미로 이해하면 안 됩니다. 문자 해석적으로 이해하는 것이 맞습니다.

그렇다면, 어째서 이런 오해가 빚어졌을까요? 지금 한국어에서 의리라는 의미가 본래의 뜻에서 많이 변용되어 나타난 탓입니다. 영화나 드라마에서 소위 이 의리를 이합집산적으로 해석하는가 하면, 때론 무모할 정도로 어떤 밀약을 위한 자기희생을 미화하는 식으로 변주되기 일쑤였습니다. 그래서 일본의 '의리 없음'은 작성 의도와는 무관하게 이런 괴상(怪狀)한 경험을 제게 안겨 주었던 것입니다.

망신(亡身)

문자해석: 망할 망(亡), 몸 신(身). 몸을 망치다. 죽은 몸.

활용의미: 말이나 행동을 잘못하여 자신의 체면이나 명예 등을 손상되게 함.

망자(亡者)라는 말이 있습니다. 이 표현은 약간 고루합니다.

요즘 식으로 바꿔 볼까요. 망자라는 말보다는 사망자(死亡者)라는 말이 우리에게는 훨씬 친숙하겠네요. 여기에서 망했다는 의미는 무언가 망했다거나 망쳤다는 의미보다는 죽음을 의미합니다. 사망자라는 흔한 표현에서 보듯이 그렇습니다.

저는 처음에는 망신을 구성하는 한자어가 망신(亡神)인 줄로 잘못 알았습니다. 정신을 망치거나 정신이 죽었다는 그런 의미로 어림짐작했습니다. 그런데, 웬걸 사전을 뒤적여 보니 뜻밖에도 정신 신(神)자가 아닌 몸 신(身)자인 것입니다. 그 이유가 몹시 궁금했지만 물어볼 곳도 마땅치 않고, 설사 질문할 곳을 찾는다 해도 괜히 쓸데없는 걸 궁금해한다는 핀잔이 주로 돌아올 것을 예상했던 저는 질문하기를 도중에 그만두었죠. 만일 이 궁금증에 대해서 제대로 설명을 들을 날이 찾아온다면 저는 정말로 기뻐할 것입니다. 하지만, 아직까지는 저의 소박한 바람일 뿐 그 가능성은 별로 커보이지 않는군요.

몸을 망치는 것이 무슨 이유로 사회적인 지위를 손상시킨다는 의미로 옮겨 간 것일까요. 현재 망신이라는 이 말은 몸을 망쳤다는 글자 그대로의 의미로서는 전혀 사용되지 않습니다. 몸을 망친다는 해석이 오히려 빈축을 사기에 딱 좋은 정도죠. "망신에 설마 그런 뜻이 있었느냐? 왜 그렇게 생각하느냐?"며 역질문에 시달려야 할 수도 있겠습니다. 아마도 얼마 전의 저처럼 망신이 정신을 망친다는 것에 사고의 초점을 맞추었을 때 나올 만한 시련이죠. 이 시련을 먼저 나서서 반길 사람이 몇이나 되겠습니까. 별 소용도 없는 데다가, 괜히 긁어 부스럼이나 만든 꼴이라서 잘해야 무관심이나 끌어내고 말 일입니다. 경우에 따라서는 "어쭈, 한 건 건졌네." 하는 식으로 비아냥거리는 말이나 듣지 않으면 다행이겠죠.

심술(心術)

문자해석: 마음 심(心), 꾀 술(術). 마음이 부리는 술수.

활용의미: 온당하지 않게 고집을 부리는 마음. 짓궂게 남을 괴롭히거나 남이 잘되는 것을 시기하거나 하는 못된 마음.

우리들의 마음을 이런 식으로 보고 있다는 것은, 원래 인간의 마음이 악하다는 것에 근거하는 성악설(性惡說)의 주장에 기댄 의미로 봐야겠습니다. 혹은 나는 그럴 마음이 없지만 마음이라는 게 이렇게 나쁜 짓을 하기도 하니, 마음이라는 게 말 그대로 마음대로 되지 않는다는 핑계처럼 보이기도 하네요. 인간의 마음이 원래 그런 것이니 단념하라는 뜻인가요. 심술이 나고, 심술을 피우고, 심술을 놓고, 심술이 사납고, 심술궂고, 심술부리는 모든 의미가 온통 나쁜 뜻 일색입니다. 거기에서 좋은 의미는 하나도 찾아볼 수 없습니다. 그렇다면, 악한 마음에 지배당할 수밖에 없는 이러한 구조에서 탈출할 방법은 정녕 없는 걸까요? 마음을 비우는 식의 명상이나 수련을 실천해 보는 방법이 있겠습니다. 그러나 이것 또한 임시적인 조치일 뿐 일상생활을 이런 식으로 영위하는 것은 불가능합니다. 우린 마음이 부리는 술수에 늘 시달려야 하며 마음이 이끄는 대로 살아가야 할 운명인가 봅니다. 마음이라는 것이 이토록 사나운 것이었던가요.

의리라는 것에 국한시켜서 한번 생각해 볼 것이 있습니다. 살아가다 보면, 우리는 부당함에 대한 공유의식을 은근히 모른 척해 줍니다. 망신에 대해서는 건강이나 생명에 관한 것이 아닌 체면에 매달리는 모습을 발견했고요. 심술에 대해서는 마음이라는 것에 대해서도 실망과 자괴감을 실감했습니다.

한글은 소리 나는 대로 적는 글자임이 분명합니다. 하지만, 한국어는 마음 가는 대로 쓰는 언어는 아니라는 걸 알았습니다. 한글이 터득하기에 쉬운 글자임은 분명합니다. 세계적으로도 그 유례를 찾기 힘들 정도로 구조가 간단합니다. 그에 비하면 한국어를 완벽히 구사하는 건 무척 어렵습니다. 아직도 채굴해야 할 의미가 상당량 매장되었습니다. 한국인의 저 끝간 데 모를 무의식의 밑바닥까지 언제쯤 도달할 수

아무렇습니다, 한국어

있을까요? 한국어를 터득하는 게 어려운 것은 단지 난해함, 그 외의 것까지 포함시킬 줄 알아야 제대로 구사할 수 있기 때문입니다. 다른 나라의 언어도 물론, 이러한 점을 공통적으로 지니고 있습니다. 한국어가 정작 한국인에게도 어려운 것은 숨어 있는 한국의 사고방식이 그 원인 중의 하나입니다. 여자 마음은 남자는 물론이거니와 정작 여자 자신도 모른다고 하죠. 당연한 얘기입니다. 늘 심술(心術)이란 녀석이 작용할 테니까요. 여자가 자신의 마음을 완전하게 파악하는 그날이 오기 훨씬 전에 한국어를 익히는 모든 이들에게 한국어가 통달되기를 바랍니다. 무엇이 먼저일지는 예측하는 것조차 버겁습니다.

* 해소

성형수술의 좋은 점에 대해서는 일일이 열거하기 어려울 만큼 다양하죠.

ㄱ. 자신감을 심어 줍니다.

ㄴ. 심리적으로 안정됩니다.

ㄷ. 타인으로부터 호감을 받을 확률이 높아집니다(이 점은 호불호가 갈릴 수 있음).

ㄹ. 사회적으로 유리한 지위를 점할 가능성이 높아집니다.

위와 같이 여러모로 장점이 있습니다. 그러니 지금 이렇게 성행하는 것이겠죠. 저는 성형에 대해 안 좋은 점도 몇 가지 이야기 해보려 합니다.

ㄱ. 선점효과가 약합니다.
ㄴ. 심리적 불안을 초래합니다.
ㄷ. 개인차가 줄어듭니다.
ㄹ. 다른 부차적인 수단을 동원해야 현상유지가 가능합니다.

솔직히 고백합니다. 제가 장난을 좀 쳤습니다. 성형수술은 장점이 곧 단점입니다. 세상살이가 녹록치 않다는 것은 세상 좀 살아 본 사람이라면 누구나 다 알 겁니다. 그렇습니다. 누구나 성형을 할 수 있다는 그 점 때문에 성형은 제 밑둥을 파 내 버리고 맙니다. 가치 상승을 위한 노력이 오히려 가치 하락을 부추기는 꼴이죠. 가치를 드높이려고 가속화하면 할수록 가치는 더욱 급속도로 추락합니다. 성형수술은 혼자만 하는 게 아니거든요. 내가 몸 들이고 돈 들이는 동안 다른 누군가도 그러니까요. 성형중독은 어쩌면 중독증상이라기보다는 차라리 성형 외의 가치를 형성하기 힘든 사람의 고백서 같은 느낌입니다. 몸에다 직접 새기는 고통스러운 고백서라는 점이 보는 이로 하여금 안타까움을 자아내게 하죠. 살을 자르고 뼈를 깎고 지방을 빨아내는 그 과정 하나하나가 실로 생명유지와 정반대되는 행동들뿐이니 목숨이 위태로운 엄청난 대수술 그 자체입니다.

자신감이 솟는 건 사실이지만, 발휘되는 건 순간입니다. 더 좋은 시술법들이 어찌나 빠른 속도로 개발되는지 몰라요. 마음만 먹으면 언제든 더 예뻐질 수 있다는 심리적 안정은 다른 예쁜이들의 추월을 부추깁니다. 그것뿐이게요? 타인으로부터 관심을 받는 것도 잠시입니다. 의사들이 환자의 만족도를 높이려는 의도에선지 아니면 미적기준이 이미 화석처럼 굳어서 그런 것인지 모르겠지만, 하여튼 천편일률적인 매뉴얼에서 좀처럼 벗어나려 하지 않습니다. 그러다 보니 대동소이한 모습 면면을 길거리에서 서로 마주하는 건 예사가 되었죠. 성공 사례들이 한꺼번에 세상에 배포된 것 같습니다. "봤지? 이런 게 바로 성공한 모습이라는 거야!"라며 불특정 다수를 향해 외쳐 댑니다. 성공사례들끼리 자주 접하다 보면 어떻게 될까요? 어김없이 부작용이 나타납니다. 상향 평준화의 결과를 초래하는 것이죠. 한마디로, 예쁜 게 아무렇지도 않게 되는 거죠. '예쁘긴 하네, 그래서 뭐', 이렇게 되는 겁니다. 성공사례자들은 이제 다른 방법을 찾아나서든지 아니면 더 많은 자원을 쏟아붓고 제 목숨을 더 위험으로 내몰아야만 하죠. 이게 단지 사회 풍조나 의료시장성으로만 판단할 일이던가요?

성형에 앞서 우리가 놓치고 넘어간 것이 있습니다. 그건 사회인식입니다. 아름다움을 좋아하고 추구하는 건 인간의 본능입니다. 하지만 그걸 개인 탓으로 전가하는 건 무책임하고 위험합니다. 그건 노력도 아니고 분투도 아닙니다. 성형을 권장하기 전에 아름다움에 대한 이해의 폭을 넓히고 다양성부터 확보하는 게 먼저입니다. 획일화한 미의식 그리고 미의 기준이 마치 수직적으로 나뉜다는 그 촌스러운 구분법부터 째고 도려내고 짜내야 했습니다. 그게 불가능하면 최소한 엄연히 살아 숨 쉬는 사람, 인격체로부터는 그걸 요구하지 말아야 했습니다.

언젠가부터, 성형을 너무 가볍게 대하는 사회인식이 강해졌습니다. 성형해야 할 사람, 성형하지 말아야 할 사람, 성형해도 되는 사람, 성형하지 않아도 되는 사람, 성형하면 나을 사람, 성형 안 하는 게 나을 사람 등등을 운운해 가며 사람을 성형수술의 샘플 정도로 치부하는 풍조도 생겨났고요. 사람에 대한 존중은 저 멀리 날아갔습니다. 외모와 인격을 분리시키는 아니면, 외모에 인격을 접착시키는 그런 사람들의 머릿속에서 이루어지는 생각은 어떤 언어구조를 갖고 나타날까요? 저는 다만 현재까지의 한국적 의미로 성형되어 온 단어를 몇 개 들추어 봤을 뿐입니다. 그 의미가 몇 번의 의미성형을 거쳐 지금의 뜻을 지니게 되었는지 저로서는 도무지 알 수 없습니다. 다만, 성형의 흔적이 그 상처가, 혈흔이 유물처럼 간혹 비쳐지는 것으로 말미암아 저는 두 가지 중요한 사실을 깨닫게 되었습니다. 의미가 성형된 그 한국어의 흔적들이 늘 아름다움을 남겨 놓은 것만은 아니라는 사실을요. 게다가 한국어 사용자들로 하여금 의식적으로든 무의식적으로든 오해할 여지를 마치 수술자국처럼 남겨 놓는다는 사실을 말입니다.

* 부속

친구 간의 '의리'에 대해 교과서에 실렸던 짤막한 한 편의 이야기를 제 나름으로 각색해 표현한 산문시를 소개합니다. 이걸 만든 이유는, 우리가 흔히 말하는 이 의리라는 것을 다각도로 생각해 보자는 취지에서입니다. 더불어 소위 이 의리라는 것의 사회적인 의미와 도의적인 의미 사이의 간극을 한

번 실감해 보길 바랍니다.

제목: 내가 살인을 했네

내 오죽하면 그리 했겠나. 들고 나서기 불편하니까 토막을 냈지. 혹시나 살아나서 버둥거리기라도 하는 날엔 낭패가 될 테니 말일세. 피를 좀 **빼냈어야** 하는데 하도 시간이 촉박해서 그냥 축축한 채로 짊어지고 왔네. 여기까지 오는 도중에 피를 좀 흘렸을지 몰라. 하지만 지금 달조차 어디론가 숨어들었고 참 고맙게도 비가 억수로 퍼붓고 있잖은가. 가끔 벼락도 내리치고 이렇게 천둥소리가 반가울 데가 있느냔 말야. 내가 이리 되고 나니 자네가 퍼뜩 떠오르지 뭔가. 더 깊게 생각할 것도 없이 여기로 냉큼 달려왔지 않은가. 친구, 자네라면 말일세, 내 사정 묻지 않고 받아주리란 말이지. 나는 지금 통사정을 하는 게 아니야. 가장 먼저 생각해 냈다고! 내 말뜻을 못 알아듣겠느냐고. 지금이라도 돌아가면 못 본 걸로 해주겠다고? 자네 집으로 뚝뚝 흘려놨던 내 발걸음 소리를 누군가 듣기 전에 돌아가라고? 천둥소리가 그 소리를 덮어주고 있을 때 냉큼 돌아가란 말인가? 남에게 들키지 말란 그 걱정스러운 당부는 내 것만은 아닌 것 같네 그려. 그 서늘한 말솜씨에 내 고단한 허리께가 뒤로 접힐 지경일세. 더는 무거워 이놈을 메고 있지 못하겠네. 그래 당장 사람이라도 부르게. 자네가 본심을 내보였으니 이 농지거리도 저 동구 밖에 나가떨어졌다네. 돼지 한 마리 사람 죽여 놓듯이 하여 둘러업고 왔더니, 이 좋은 걸 마다하겠다고? 이보다 더 맛깔난 술안주도 없을 터인데, 자넨 술 마실 줄도 모르는구먼! 술 한 잔은 고사하고 농담 한마디 건네기조차 두렵게 됐으이.

6. 다루지 않는 차원

우리가 3차원에 사는 존재라는 것은 유명한 사실입니다. 시간까지 포함해서 4차원이라는 주장도 있지만, 그건 일단 제외하기로 합니다. 우리가 3차원에 존재한다는 것은 무슨 수로 증명할까요? 목욕탕이나 수영장에 우리의 몸을 푹 담그기만 하면 간단히 증명됩니다. 부피, 우리의 몸뚱이는 담가 놓은 딱 그 양만큼의 물을 밀어냅니다.

* 계기

고려 말 망국의 신하였다가 조선의 개국공신의 반열에 오른 이직(李稷, 1362~1431)의 시조를 한 편 감상하겠습니다.

가마귀 검다ᄒ고 백로야 웃지마라
것치 검운들 속좃ᄎ 검울소냐

것희고 속검운 즘싱은 네야 귄가 ᄒ노라

이 시조는 너무 유명하기에 해설은 생략하겠습니다. 저마저 여기에 가담하는 것은 월권행위입니다. 이 시조를 선택한이유는 해설을 하기 위함이 아님을 여러분이 쉽게 짐작하리라 믿습니다.

지금부터 다루려는 부분은 '겉과 속' '안과 밖'에 관한 것입니다. 저는 한국어나 문법을 다루는 책을 읽을 때마다 이부분이 등장하는 부분이 있는지 먼저 찾아보는 습관이 있습니다. 기대를 하고 책을 펼쳤다가도 이내 실망하고는 책을닫곤 했습니다. 그 어떤 책도 이 부분에 대해 명쾌하게 풀어내지 않더라고요. 그나마 찾던 책 중에서 차원의 문제로 '겉과 속' 그리고 '안과 밖'을 설명하려는 시도가 있었는데, 아쉽게도 그것마저도 제 기대에는 못 미쳤습니다.

그러던 중 별안간 한 가지 생각이 뇌리를 스치고 지나갔습니다. 그 생각이 맞는 것인지 판단하기도 힘들기에 얼른 발을 걸어서 넘어뜨렸습니다. 그리고 그 생각의 위로 재빨리올라타서는 제 체중을 실어 누른 뒤 꽁꽁 묶어 버렸습니다.그리고 아주 친한 사람 몇몇에게 제가 붙잡아 둔 생각을 선보였습니다. 조리돌림을 했달까요, 뭐 그랬습니다. 이런 면에서 저는 좀 잔인합니다. 처음에는 다들 별꼴 다 보겠다는 표정이었지만 몇 가지 혐의점을 물어보고는 얼마 지나지 않아 저의 그 생각이 진범임을 당장 알아보더군요. 저는 두 건의 미제를 한꺼번에 해결한 셈이었는데, 적어도 지금까지는 그렇다고 확신합니다.

한국인이라면 겉과 속 그리고 안과 밖을 사용하는 데 조금도 주저하거나 망설임이 없이 수시로 그리고 자유자재로 사용합니다. 하지만, 어떤 상황에서 겉과 속을 사용하며 또한 어떤 상황에서 안과 밖을 사용하는지에 대해 명확하게 말해달라고 요청하면 무척 난처한 표정 일색입니다. 한국어에 대한 무의식적인 활용은 가능하면서도 의식적인 정리는 되어 있지 않는 경우가 바로 이런 경우겠죠. 그냥 봐서는 모릅니다. 제대로 봐야 압니다. 내 몸뚱이가 얼마나 묵직한지 제자리에서 아무리 뛰고 발구르기를 해봤자 제대로 알 순 없습니다. 우리의 몸과 다른 매질 속으로 들어가 봐야 제대로 알 수 있습니다. 이건 3차원을 단지 이해한다고 저절로 해결되는 문제가 아니기 때문입니다. 3차원을 철저히 실감해야 해결되는 문제입니다. 단연코, 3차원의 문제이면서도 그런 차원으로 접근해서는 해결할 수 없는 문제입니다.

저는 이렇게 시작하겠습니다. '겉과 속' 그리고 '안과 밖'이 한 쌍을 이룹니다. 어째서 이렇게 한 쌍을 이루는지에 대해서는 아래와 같은 예를 제시하는 것으로 설명을 시작하겠습니다.

ㄱ. 겉껍질과 속껍질
ㄴ. 안사돈과 바깥사돈

'겉과 속' 그리고 '안과 밖'의 위치를 서로 바꿔 보겠습니다.

ㄱ. 안껍질과 바깥껍질
ㄴ. 겉사돈과 속사돈

껍질이 안에도 있고 바깥에도 있는데, 안이라는 공간과 바깥이라는 곳에서 왠지 겉돌고 있다는 느낌입니다. 다음을 보겠습니다.

이 경우에는 '안사돈과 바깥사돈'이 응당 있어야 할 자리에 '겉사돈과 속사돈'이 대신 들어와 앉은 형국입니다. 그 모습이 이상하다 못해 말로 설명하기 힘든 상황인데, 거기에 더해 묘한 민망함이 우리를 엄습하기까지 합니다.

이번에는 쌍을 이루는 말을 바꿔치기 하겠습니다. '겉과 안' 혹은 '속과 밖'은 어떻습니까? 전혀 어울리지 않죠. 그렇게 쌍을 이루면 무척 어색해집니다. 이에 더하여, 지금도 비유격으로 종종 쓰이는 예로부터 전해 내려오는 말을 실례로 들어 봅니다. '안방마님과 바깥양반'이란 말이 있죠. 이걸 '속방마님과 겉양반'으로 바꾸면 무척 실례가 되는 느낌입니다. 마님에게서는 무언가 보지 말았어야 할 것을 본 것 같고, 양반에게서는 어딘가 모를 허술함마저 엿보입니다. 뭔가 딱 부러지게 말할 수 없지만 저 깊은 곳 밑바닥에서부터 치고 올라오는 부끄러움이 있습니다. 억지로 그렇게 표현하려 하면 온몸이 마구 가려워지기 시작합니다. 여러분은 이 닭살스러움의 근거가 몹시 궁금하지 않습니까?

저는 여러분을 희롱할 속셈이 애초부터 없습니다. 다만 힌트를 제공하는 중입니다. 그런데, 몸이 배배 꼬이기만 할 뿐이네요. 명확해야 할 그 무언가는 모래알처럼 손가락 사이사이로 빠져나가는 것만 같죠. 전에는 저도 여러분처럼 그랬기에 그 마음 누구보다도 잘 압니다. 우리는 이제 '겉과 속' 그리고 '안과 밖'이 서로에게 커플 이상의 의미를 지닌다는 것을 앞에서 보았습니다. 두 커플은 파트너 교환하는 것조차 용납되지 않습니다. 하늘이 내린 천생연분이네요. 그것도 하

아무렇습니다, 한국어

나도 아닌 두 커플씩이나. 혼자서 두 커플이나 한 번에 상대
하려니 뜨거운 눈물만이 외로움으로 얼어붙은 홀몸을 타고
흐릅니다.

* 착상

영어는 한국어에 비해 시공간에 대해서 비교적 명확하게
잘 정리되어 있습니다. 우리가 영어를 배울 때에 이러한 점
을 실감하기도 하죠. 영어는 전치사가 잘 발달되어 있는 언
어입니다.

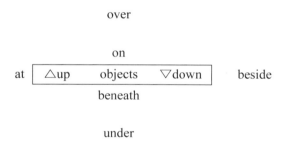

지칭하는 대상이 표면에 붙어 있느냐 그렇지 않느냐로 구
분 짓기도 하고, 상대적인 위치의 상하에 대해서도 그리고
방향성으로도 이들 전치사를 구분 지어서 이해합니다. 한국
어는 이런 식으로 말끔히 정리되지는 않습니다. 그래서 곤란

한 점이 한두 가지가 아니죠. 하지만 그렇다고 해서 실망할 필요까지는 없습니다. 다른 언어에서는 찾아볼래야 찾아볼 수 없는 형이상학적인 표현양식이 숨어 있기도 하니까요. 가령, 무엇을 어디에 '끼우다' 혹은 '끼워 맞추다'라는 표현은 오직 한국어에서만 발견됩니다. 이질적인 것을 넣어 일체화하거나 동질화시킨다는 그런 의미는 한국어에서나 가능합니다. 그런 사고방식은 유독 한국적이라 할 만합니다. 다른 나라에서의 언어표현들, 그러니까 put in(넣다), 挿入(꽂다), 挿む(사이에 두다)의 표현만으로는 도무지 만족스러운 수준으로 대체(代替)되지 않는다는 겁니다. 완벽한 이해를 위해서는 보충적인 설명이 추가되어야 한단 뜻입니다. 그렇다면, 대체 이 '끼우다' 혹은 '끼워 맞추다'라는 표현은 다른 언어에서는 찾아볼 수 없는 어떤 의미가 담겨 있는 걸까요. 여기에는 3가지 조건이 필요합니다.

ㄱ. 끼우는 대상이나 끼움을 당하는 대상이나 3차원적 매질이어야 합니다.

ㄴ. 표면적으로는 마찰이 이루어져야 합니다.

ㄷ. 서로 이질적이거나 별도의 것이어야 합니다. 즉, 하나에서 분리되어 나온 것이 아닙니다.

아무렇습니다, 한국어

이제, 이 '끼우다' 혹은 '끼워 맞추다'에 대한 이해가 되었으리라 간주하고 다음으로 이어 가도록 하겠습니다.

문제의 두 커플 '겉과 속' 그리고 '안과 밖'을 대령합니다. 이제 이 지긋지긋한 저들의 커플 놀이도 영원히 끝장입니다. 제가 끝장을 내고야 말겠습니다. '끼우다'라는 동사에 '겉, 속, 안, 밖'을 대입합니다.

ㄱ. 겉에 끼우다 (불편함)

ㄴ. 속에 끼우다 (편함)

ㄷ. 안에 끼우다 (불편함)

ㄹ. 밖에 끼우다 (불편함)

'끼우다'라는 동사를 사용해서는 '안과 밖'이 확실히 '겉과 속'과 다른 무언가 공통점이 있다는 것을 미루어 짐작할 수 있습니다. 이제 '끼우다'에서 내건 3가지 조건과 이질적인 조건을 조성합니다. 이 조건에 가장 알맞은 표현을 하나 찾아냈습니다. 바로 '씌우다'라는 표현입니다.

ㄱ. 씌우는 대상이나 씌움을 당하는 대상이나 3차원적 매질이 아니어도 가능합니다.

ㄴ. 표면적으로 마찰이 이루어지지 않아도 괜찮습니다.

ㄷ. 서로 동질하거나 일체형이어도 됩니다. 즉, 하나에서 일부
가 분리된 것도 가능합니다.

문제의 두 커플을 다시 데려다 놓습니다. 그리고 커플 브
레이킹을 반복합니다.

ㄱ. 겉에 씌우다 (편함)

ㄴ. 속에 씌우다 (불편함)

ㄷ. 안에 씌우다 (불편함)

ㄹ. 밖에 씌우다 (불편함)

고작 동사 하나에 이렇게 쉽게 깨어지는 커플이 '겉과 속'
이랍니다. 이래서 '겉 다르고 속 다르다'라는 말이 있나 봅니
다. 겉은 겉대로 속은 속대로 제각기 편한 상대를 찾아 나섭
니다. '겉'은 '씌우다'와 바람이 났고 '속'은 '끼우다'와 눈이
맞았습니다. 이로써 목적한 바와 같이, 한 커플은 완전히 파
탄이 났습니다. 남은 커플도 마저 처리하기 위해 '놓다' 혹은
'두다', 두 개의 동사를 사용하여 맹공을 퍼붓습니다.

아무렇습니다, 한국어

ㄱ. 겉에 놓다/두다 (불편함)

ㄴ. 속에 놓다/두다 (불편함)

ㄷ. 안에 놓다/두다 (편함)

ㄹ. 밖에 놓다/두다 (편함)

　저의 맹공격이 무색하게도 오히려 커플매칭이 강화되는 뜻밖의 결과를 낳았습니다. '안과 밖' 커플은 예상 외로 내외를 하지 않았습니다. 서로 데면데면하면서 백년해로하는 부부가 있다더니, 이런 걸 두고 하는 말이었나 봅니다. 이로써 '겉과 속' 그리고 '안과 밖'은 같은 성향을 가진 커플이 아니었던 것으로 밝혀졌습니다. 굳이 비유하자면, '겉과 속'은 한 시도 못 보면 곧 죽을 것처럼 굴다가도 한 번의 싸움으로 남남이 되는 그런 커플이라면, '안과 밖'은 그 흔한 애정표현도 없이 자녀들만 순풍순풍 낳다가 헤어질 기회를 영영 놓쳐 버리는 그런 부부라고나 할까요?

　한 가지 재미있는 점을 발견했습니다. 두 커플은 호명하는 순서도 묘하게 다릅니다. 과거에는 어땠는지 모르겠지만 현대에 이르러서는 커플에 대한 호칭순서가 정해진 것처럼 보입니다. '겉과 속' 그리고 '안과 밖'은 익숙하지만, '속과 겉' 그리고 '밖와 안'은 익숙하지 않습니다. '안과 밖'은 줄여서

'안팎'이라고도 하죠. 순서를 뒤집는 것은 약간 이상합니다.

추측건대, 모험성 짙은 표현보다는 익숙한 것 위주로 확장해 가는 방식이 한국어에 더 어울릴 법합니다. 그래서 잘 보이지 않는 '속내'보다는 '겉치레'가 우선이며, 위험천만한 '바깥'보다는 확실한 '안쪽'을 앞장세우는 것이겠죠.

한국어는 한국의 사고방식을 투영하고 있습니다. 한국은 상황변화에 놀랍도록 기민하게 대처하면서도, 확보된 것을 몽땅 내걸어야 할 만큼의 도전은 선호하지 않습니다. 한반도가 외침을 당한 횟수는 수백 회에 이른다는 말이 있을 정도로 끔찍한 역사를 지녔습니다. 하지만 이와 반대로, 대외적으로 다른 나라를 정벌한 횟수는 수십 회에 그친다는 것은 무얼 의미할까요?

이는 침략은 물론이거니와, 해외 진출을 빙자한 대외 정벌조차 달가워하지 않는 특성에 기인하는 것인지도 모르겠습니다. 누군가는 이러한 점이 평화를 선호하고 전쟁을 기피하는 고유 민족성 때문이라고 단정 짓기도 합니다. 제가 보기에 이런 시도는 다소 위험한 발상입니다. 더는 발언하지 않겠습니다. 긍정도 부정도 모두 도움이 되지 않습니다. 그 무엇도 불필요한 분쟁을 일으키는 빌미가 될 뿐이니까요.

* 해소

물이라는 매질을 통해 부피를 재는 방법을 깨달았던 저 유명한 아르키메데스(Ἀρχιμήδης BC 287~212)의 사건을 우리는 잘 알고 있습니다. 물이라는 매질은 3차원의 기준, 즉 부피를 가늠케 하는 최초의 도구로써 인류에게 도움을 주었죠. 물의 공적은 비단 이것뿐만이 아닙니다.

커플 브레이킹은 충분히 행했습니다. 한 번의 성공과 한 번의 실패가 있었습니다. 이제 리매칭을 시도할 차례입니다. 이번에 사용할 촉매제는 생명의 본질이자 부피를 재는 인류 최초의 도구인 '물'을 사용합니다.

ㄱ. 물 겉 (성립하지 않음)

ㄴ. 물 속 (성립함)

ㄷ. 물 안 (성립하지 않음)

ㄹ. 물 밖 (성립함)

'물 속과 물 밖'이 새로 어울려 머릿속에서 헤엄칩니다. '물 안과 물 겉'은 머무는 곳을 찾지 못한 채 정처 없이 마냥 떠돌기만 하고요. 생각에서조차 머물지 못하고 내쫓겨나기 일쑤입니다. 단지 물을 이용해서 '겉과 속', '안과 밖' 두 커플을 리매칭한 것뿐인데, 어째서 이런 촌극이 발생했을까요.

이유를 모르면서도 어쨌든 그러려니 하는 태도는 새로운 것을 탐구하는 데 도움이 되지 않습니다. 지금부터는 정신 바짝 차리고 한국인의 잠재의식 속에 가라앉아 있던 개념을 끌어올려 보기로 합니다.

일단 이 두 커플링(coupling)을 확실히 머릿속에서 매듭지으려면 공간에 대한 감각이 필요합니다. 공간을 느끼는 것은 어렵지 않습니다. 하지만, 한국어적인 공간에 대한 감각은 복합적입니다. 한국어는 공간을 매질과 연관 지어서 느낍니다. 우리는 안개 속에서 얼마든지 걸을 순 있지만, 안개 안에서는 단 한 걸음도 걷지 못합니다. 이것은 안개를 단지 빈 공간이 아닌 무언가로 꽉 들어찬 '매질(媒質)' 덩어리로 보는 한국적인 감각 때문입니다. 안개가 수분으로 이뤄졌다는 것을 미리 알아차렸다는 것이 아닌, 무언가 모를 것으로 가득 찼다는 그 인식만을 확신했다는 뜻입니다. 안개 밖에서는 얼마든지 배회할 수 있어도 안개 곁에서는 머무르는 것조차 불가능합니다. 그냥 지나치는 건 가능합니다. '수박 겉핥기'라는 표현에서처럼 '안개 겉핥기' 정도는 아마 허용될 겁니다. 아무튼, 안개나 물이나 이 '매질'이라는 공통된 개념으로 한국의 사고방식에 인식되었음을 염두하도록 합니다. 안개가 수

아무렇습니다, 한국어

분으로 이뤄졌다는 것을 과학적으로 밝혀내기 전부터 이미
이것은 가능했을 것입니다. 안개 대신에 연기를 대입해도 이
러한 등식은 성립됩니다. 반복하자면, 연기마저도 안개와 같
은 '매질'로 인정한다는 뜻입니다. 무정형의 기체를 왜 한국
은 이런 식으로 해석했을까요? 공간에 대한 두 갈래의 개념
이 한국어에 작용했기 때문이라고 저는 결론 내렸습니다.

　　매질에 표면 접촉이 가능한 공간 - 겉(외부), 속(내부)
　　매질에 표면 접촉이 불가능한 공간 - 안(내부), 밖(외부)

　　한국어의 공간감각에 대한 두 가지 갈래를 간단히 표현하
자면 위와 같습니다. 여기서는 '표면 접촉'이란 물리적 접촉
만이 아닌 정서적인 것까지 포함한다는 것을 유념해야 합니
다. 예외적으로 표면 접촉의 여부와 관계없이 두 가지 모두
사용하는 특이한 예도 존재합니다.

　　ㄱ. 여름 안에서 만난 사람
　　ㄴ. 푹푹 쪄대는 여름 속

　　앞의 것은 여름이라는 시간적 공간을 뜻하기에 매질에 대

한 표면 접촉성이 없다시피 합니다. 그래서 '안'이라는 표현과의 결합이 가능했습니다. 또한, 뒤의 것은 여름이라는 시간적 공간보다는 여름이 주는 신체적인 영향성이 접촉으로 간주되기에 '속'이라는 표현과의 결합이 가능했던 것이죠. 앞의 것이 정서적인 표면 비접촉인 반면, 뒤의 것인 물리적인 표면 접촉을 나타냅니다. 이런 경우를 한 번 더 볼까요?

ㄱ. 이 안에 너 있다[2]

ㄴ. 김칫속으로 넣을 게 있나

앞의 것은 단독 공간에서 발견된 현상이라 해도 이질적인 존재를 발견했기에 표면 접촉성이 떨어집니다. 그래서 '안'이라는 표현이 더 적합합니다. 이와는 다르게 뒤의 것은 분명 이질적 공간임에도 동질화(김치로 발효되는 것)하는 것을 목표로 하기 때문에 표면 접촉성이 추가됩니다. 따라서 '속'이 성립합니다.

---

2 이 문장은 인기리에 방영되었던 드라마의 대사였던 것으로 기억하는데, 아마도 이 대사를 했던 사람은 끝내 사랑을 이루지 못한 것으로 결론 났다죠? 이 대사가 만일, 겉도는 사랑의 결말을 예언한 것이라면 칭찬받아 마땅한 대사입니다.

아무렇습니다, 한국어

ㄱ. 그 안에 뭐가 들었어

ㄴ. 속이 얼마나 상했길래

앞의 것은 '안'이라는 공간과 '뭐'라고 말한, 아직 목격되지 않은 물체가 서로 다르다는 것을 전제하고 있습니다. 현명하게도 '안'이라는 표현을 사용했습니다. 당연히 표면 접촉성이 약합니다. 뒤의 것은 상해 버린 '속'이라는 영향이 아직 말하여지지 않은 다른 무언가에 영향을 준 것으로 짐작케 합니다. 영향을 끼친다는 것을 봐서 속과 그 무엇은 서로 표면 접촉성이 강합니다. 앞의 것이 물리적인 표면 비접촉인 반면, 뒤의 것은 정서적인 표면 접촉을 나타냅니다.

이번에는 '겉과 밖'을 살펴보도록 하죠.

ㄱ. 입은 옷 겉에 뭐가 묻었어

ㄴ. 행복만이 가득한 저 밖을 봐

앞의 것은 옷이라는 표면 접촉성 물체를 청자가 몸에 둘렀다[3]는 사실과 화자 또한 이 사실을 인지하고 있음을 증명

---

3 우리는 '겉옷'은 얼마든지 걸칠 수 있어도 '밖옷'은 한 벌도 입지 못합니다.

합니다. 따라서 '밖'이 아닌 '겉'을 사용했습니다. 뒤의 것은 행복이 가득한 공간과 그렇지 못한 공간을 분리했습니다. 화자는 자신이 속한 내부와 아무 접촉도 없는 외부를 감상적으로 응시하고 있습니다. 따라서 '겉'이 아닌 '밖'이 사용되었습니다. 앞의 것이 물리적인 표면 접촉인 반면, 뒤의 것인 정서적인 표면 비접촉을 나타냅니다.

ㄱ. 겉으로만 또 그런다
ㄴ. 너는 밖에서 다치지 말아

앞의 것은 화자가 지적하는 청자, 즉 행위주체가 한 몸이라는 것에 주목해야 합니다. 행위주체가 '겉과 속'이 다르게 행동하고 말하는 것을 질책하고 있습니다. 행위 경계의 표면 접촉이 한 몸에서 이뤄집니다. 그러나 뒤의 것은 화자가 지적하는 청자의 행위주체가 화자 자신까지 포함하는 것을 미루어 짐작하게 합니다. 쉽게 말하면 같은 결과가 빚어지더라도 화자 자신은 '안에서' 그러할지언정, 청자 당신은 '밖에서' 화자와 같은 결과를 맞이하지 말라고 당부합니다. 행위 경계의 표면 접촉이 분명치 않습니다. 앞의 것이 정서적인 표면 접촉인 반면, 뒤의 것은 물리적인 표면 비접촉을 나타냅니다.

동전의 앞뒷면처럼 어느 하나를 독립적으로 떼어 낼 수 없으면 '겉과 속'으로 표현합니다. 그와는 달리 동전과 그것이 들어 있는 저금통처럼 서로 얼마든지 분리될 수 있다면 '안과 밖'으로 표현합니다. '겉과 속'으로 구분되어 있는지 '안과 밖'으로 구분되어 있는지 헷갈리면 생각을 마구 흔들어 봅니다. 한 몸처럼 굴러다니면 '겉과 속'이고, 제각기 떨어져 놀면 '안과 밖'입니다. 지금까지 한 것을 표로 정리하면 아래와 같습니다.

매질 표면 접촉 가능				매질 표면 접촉 불가능			
외부		내부		내부		외부	
겉		속		안		밖	
물리적	정서적	물리적	정서적	물리적	정서적	물리적	정서적

* 부속

물리적으로나 정서상 일체형이면 '겉과 속'이고 분리형이면 '안과 밖'입니다. 생각을 돼지 저금통마냥 마구 흔들어 봐도 도저히 구별이 되지 않으면, 대상물이나 인격주체를 일단 까뒤집어 보면 됩니다. 까뒤집는 동안에 줄곧 붙어 있으면

'겉과 속'이며, 떨어져 나가면 '안과 밖'입니다. 사람의 속을 까뒤집는 건 가능해도 집 안을 까뒤집는 건 불가능한 이치를 이용한 일종의 우회로(迂廻路)입니다.

이전 묶음에서 망신에 대한 궁금증을 해결하지 못한 채 마무리 지은 것을 이 묶음에 와서야 해결할 수 있겠습니다. 적어도 그러리라는 희망을 품습니다. 그럼, 망신을 소환(召還)하겠습니다.

망신(亡身)

문자해석: 망할 망(亡), 몸 신(身). 몸을 망치다. 죽은 몸.

활용의미: 말이나 행동을 잘못하여 자신의 체면이나 명예 등을 손상되게 함.

저는 앞에서 망신을 망신(亡神)으로 혼동했노라고 밝힌 바 있습니다. 이제 신(身)을 까뒤집습니다. 신(身)이 벗겨진 자리에는 고스란히 신(神)이 드러납니다. 제 착각이 완전히 틀린 발상은 아니었던 겁니다. '겉모양'을 까뒤집으니 '속사정'이 만천하에 까발려집니다. 과연, 망신살이 사방에 뻗치는군요. 이제야 망신의 진정한 의미를 가슴'속' 깊이 깨달았습니다. 몸과 마음은 따로 성립되는 게 아니었습니다. 몸을 뒤집어

까면 마음이 자연히 드러나고 마음을 뒤집어 까면 몸이 고스란히 나오는 것을 겨우 알아차렸습니다. 우리가 존재하고 영위하는 3차원의 속살을 까뒤집으면 다른 차원이 아닌 여지없이 3차원이었습니다.

7. 분리 불안성 표현

분리 불안장애에 대한 설명을 먼저 보고 가겠습니다.

> '애착 대상으로부터 분리 불안의 정도가 일상생활을 위협할 정
> 도로 심하고 지속적인 경우'
>
> —서울대학교병원 정신건강의학과

사람의 신체기관 중 뇌에서 불안에 관한 증상이 있는 경우에
이렇다고 합니다. 한국어의 경우도 분리 불안이 지나쳐 아예
협착되어 굳어져 버린 표현들이 있습니다. 다른 생각을 하거
나 판단할 여지가 없어야만 불안이 가실 정도라면, 그 기원
에 대해 제법 심각하게 바라보아야 할 것입니다. 자격이 없
는 관계로 뭘 진단하거나 조치하는 일 따위는 못하겠지만,
저 같은 돌팔이의 눈에도 병색이 완연하다면 그냥 넘어갈 일

은 아닌 게 맞습니다.

* 계기

한국어는 신속함을 요구합니다. 반농담식으로 하는 말이 있습니다. '빨리빨리'라는 이 말, 한국어를 배우는 외국인들이 가장 빨리(!) 터득하는 말이라죠? 아마. 한국인으로 살아가는 동안 씁쓸한 미소를 짓게끔 하는 대목입니다. 자타가 공인할 만큼 참 치열하고도 급박했던 한국인의 삶이 아닐 수 없습니다. 나라를 잃고 잃어버린 나라를 되찾겠다고 분주했던 그 시절에 한 외국인이 등장해서 전대미문의 업적을 떡하니 남겨 놓습니다. 바로 '띄어쓰기'입니다. 구한말 당시 스코틀랜드 출신의 선교사였던 존 로스(John Ross, 1842~1915)는 조선어 첫걸음이라는 책에 한글 띄어쓰기를 선보입니다. 그리고 이 '띄어쓰기'는 이후 독립신문을 거쳐 마침내 표준어 규정에 등록되기에 이릅니다. 동북아시아 삼국(한국, 중국, 일본) 중에서 띄어쓰기가 존재하는 나라는 오직 한국뿐입니다.

그런데 이 띄어쓰기라는 것이 만만치가 않습니다. 실은 만만치 않은 정도가 아니가 극악의 난이도를 자랑합니다. 모두가 알다시피 알파벳을 사용하는 단어는 모든 품사를 띄어쓰기 때문에 고민할 게 없습니다. 그런데, 유독 한국어는 모국어 사용자에게도 그 완벽한 구사율을 쉽게 허락하지 않을 정도로 어렵습니다. 어려운 정도를 넘어서서 한 치의 오차도 없이 그걸 완벽하게 구사하는 건 거의 불가능에 가깝습니다. 세상 어느 곳에서 모국어를 다루는 퀴즈쇼에서 띄어쓰기를 문제로 낸답니까? 단지 한 문단 내에서 나타나는 띄어쓰기를 문제로 만들어서 퀴즈쇼 최종 결선 문제로 활용하는 현실만 놓고 보더라도 한국어의 띄어쓰기는 거의 최고 수준의 난이도를 자랑하는 게 명백합니다. 특별히 한국어를 모국어로 평생 사용해 왔으며 장기간에 걸쳐 고도로 훈련한 사람이라도 언제나 편한 마음으로 띄어쓰기를 마주하지 못할 겁니다. "띄어쓰기에 자신 있습니까?"라고 물으면, 한국인 누구나 머리를 긁적이며, "어느 정도는…"이라는 애매모호한 대답을 하는 것이 일반적입니다. 한국인에게도 어렵기 짝이 없는 한국식 띄어쓰기, 그 골치 아픈 걸 맛보지 않은 한국 사람은 없겠죠. 행여 띄어쓰기를 아예 무시하려는 사람들이 있다면 여기에서 제외합니다. 그런 사람들은 다른 사람들의 이해력에 대한 도움을 주지 않으려는 자기중심적인 사람들이거나 아직 띄어쓰기 단계에 학습과정이 도달하지 못한 사람들일 테니까요.

앞으로 다뤄야 할 부분은 이 난해한 띄어쓰기에 대한 한국어만의 오묘한 활용법에 관한 내용입니다. 여기에는 조사(助詞)가 관여하는 방식과 더불어 띄어 쓰는 공간의 유무가 구현하는 의미의 변화와 확장까지도 우리는 관찰할 수 있을 것입니다.

간단한 띄어쓰기 점검 시간을 갖겠습니다. 물론, 이걸 확인한 저도 틀렸습니다. 그러니 안심하십시오. 이걸 틀렸다고 해서 한국어에 대한 유별난 열등감을 가질 필요는 전혀 없으니까요. 그럼, 문제 나갑니다.

'코 골다'가 맞을까요, 아니면 '코골다'가 맞을까요?

사전이나 기타 매체의 도움 없이 혼자서 풀어 보시기 바랍니다. 한 문제 더 나갑니다.

'코 골이'가 맞을까요. 아니면 '코골이'가 맞을까요?

만일 두 문제 모두 맞춘 분이 있다면, 자긍심을 가져도 충분합니다. 물론, 이 문제에 한해서만 그렇다는 얘기입니다. 이 문제는 다른 띄어쓰기 능력까지 보장해 주지 못합니다. 순간의 기쁨을 맘껏 누리길 바랍니다.

답을 평범하게 알려 주는 건 너무 재미없습니다. 우리가 잘 아는 흔해 빠진 속담을 읽으며 정답의 감을 확인하도록 하겠습니다.

'귀에 걸면 귀걸이, 코에 걸면 코걸이'

우리 문제에 대한 정답을 위에서 제시한 속담 방식에 대입하면 아래와 같습니다.

'코 골면 코골이'

이쯤 되면, 여러분도 정답을 알겠죠?

자, 이제부터 진정한 질문이 시작됩니다. '코 골다'는 어떻게 '코골이'가 되었을까요? 이런 경우는 규칙적인 변화인가요? 아니면 불규칙적인 변화인가요? 아니면 특수한 경우나 예외적인 경우인가요? 팔걸이의자에 편안하게 앉아 팔 걸고 고민해 봅니다.

* 착상

귀걸이나 코골이와 같은 경우는 단지 명사와 동사가 합쳐져 별도의 명사형으로 발전했다는 것을 쉽게 알아볼 수 있습니다. 제가 관심을 갖는 건 그런 단계에 머무르지 않습니다. 조사와 띄어쓰기가 생략되는 단계에서 유념해야 할 의미 변화를 포착한 사례들이 몇 있었습니다. 저는 이것을 나름의

아무렇습니다, 한국어

기준을 갖고 정리해 보았습니다.

ㄱ. 있다 없다의 경우

[맛이 있다 / 맛이 없다] [맛있다 / 맛없다]

[멋이 있다 / 멋이 없다] [멋있다 / 멋없다]

[힘이 있다 / 힘이 없다] [힘있다 / 힘없다]

ㄴ. 없다만 있는 경우

[재수가 있다 / 재수가 없다] [재수없다]

[밥맛이 있다 / 밥맛이 없다] [밥맛없다]

ㄷ. 그 외의 경우

[맛이 들다] [맛들다]

[힘이 들다] [힘들다]

[신이 나다] [신나다]

[화가 나다] [화나다]

[욕을 하다] [욕하다]

[불이 붙다] [불붙다]

[물을 먹다] [물먹다]

[판을 치다] [판치다]

[병이 들다] [병들다]

[샘이 솟다] [샘솟다]

위에서 죽 나열한 것을 설명하자면, 왼쪽에 묶인 것은 명사 이후에 형용사나 동사가 뒤따르는 형태로서 '조사+띄어쓰기'가 동원된 기본형입니다. 오른쪽에 묶인 것은 명사+형용사/동사가 일체형 형용사/동사로 바뀐 형태로서 '조사+띄어쓰기'가 동시에 제거된 변형태입니다. 모든 경우를 이루 다 따져보는 것은 불필요하고 번거로운 일입니다. 지면을 이런 이유로 할애하는 것은 낭비라고 생각합니다. 관심 있는 분들이 자발적으로 하나씩 알아가며 얻는 앎의 즐거움을 빼앗고 싶지 않습니다. 저의 나태함에 의지해 각 경우에 해당하는 하나의 표본만을 추출해 그 의미를 알아보도록 하겠습니다.

ㄱ. 있다 없다의 경우

[맛(명사)+이(조사)+띄어쓰기+있다(형용사)] ⇒ 기본형

- 맛(명사)
○ 음식물 따위가 혀에 닿았을 때 일어나는 느낌
○ 어떤 일에 대한 재미 또는 만족감
○ 어떤 일을 몸소 겪음으로써 비로소 알게 되는 느낌이나 기분·분위기 따위
- 있다(형용사)

○ 존재하다

○ 사람이 어떤 직장에 계속 다니다

○ 어떤 상태를 유지하다

○ 얼마의 시간이 경과하다

○ (무슨 일이) 벌어지다 / 진행되다

위에서 보다시피 '맛'이라는 명사가 지닌 세 가지의 의미
와 '있다'라는 형용사가 지닌 네 가지의 의미가 결합되는 여
러 경우로 나눠 활용하는 게 가능합니다.

[맛있다(형용사)] ⇒ 변형

○ 맛이 좋다 / 맛나다

'조사+띄어쓰기'가 동시에 제거된 변형태의 뜻은 오직, 음
식이나 미각을 나타내는 것에 국한되는 것을 볼 수 있습니
다. 이 '맛있다'라는 말은 '맛이 있다'의 여러 갈래 중에서 오
직 미각에 한정되는 의미만을 추려 축약한 것으로 보입니다.
맛에 대한 판단 유보라든가 의미가 파생하는 것을 기피하기
위한 축약입니다. 사회적인 측면에서 이 표현이 선호되었을
가능성도 있습니다. 음식을 섭취하고 그 맛을 평가하는 데

있어, 자신이 직접 요리하는 경우보다는 타인에 의해 대접받는 경우가 압도적으로 많습니다. 음식 섭취 후 음식을 제공하거나 만든 상대방을 칭찬하기 위해서 혹은 음식 상태를 확인하기 위한 방편으로 자주 활용되었을 거란 뜻입니다.

변형된 순서에 대해서 말하자면, 기본형에서 변형으로의 순서가 맞습니다. 그 역순은 합당하지 않습니다. 왜냐하면, 이질적인 품사인 명사+형용사/동사의 결합형이 조사+띄어쓰기의 도움 없이 자립적으로 먼저 형성된 이후 품사를 나눠 명사+조사+띄어쓰기+형용사/동사로 파생되었다고 보기에는 그 과정이 너무 복잡하기 때문입니다. 이는 또한, 본딧말에서 준말 순서[4]로 말이 만들어지는 일반적인 순서에도 들어맞지 않습니다.

ㄴ. 없다만 있는 경우

[재수(명사)+가(조사)+띄어쓰기+없다(형용사)] ⇒ 기본형

- 재수(명사)

ㅇ 재물에 관한 운수

ㅇ 좋은 일이 생길 운수

---

4 준말에서 본딧말이 만들어지는 경우는 없습니다.

- 있다(형용사)	- 없다(형용사)
○ 존재하다	○ 있지 아니하다 / 존재하지 아니하다
○ 사람이 어떤 직장에 계속 다니다	○ 가지고 있지 않다 / 갖추고 있지 않다
○ 어떤 상태를 유지하다	○ 생기지 아니하다 / 일어나지 아니하다
○ 얼마의 시간이 경과하다	○ (속에) 들어 있지 아니하다
○ (무슨 일이) 벌어지다 / 진행되다	○ 많지 아니하다 / 부족하다
	○ 살아 있지 않다
	○ 드물다 / 귀하다
	○ 진행되지 아니하다 / 벌어지지 아니하다
	○ 구차스럽다 / 가난하다
	○ 비다 / 들어 있지 않다
	○ 가능하지 아니하다

[재수없다(형용사)] ⇒ 변형

○ 운수 따위가 순탄하지 못하고 나쁘다

○ 마음에 들지 않고 기분이 나쁘다

여기에서는 주목할 사항이 있습니다. '재수없다'는 '있다, 없다'는 두 가지 표현이 동시에 존재하는 경우에서 오직 '없다'만을 선택하여 축약한 형태를 보입니다. 재수있을 확률보다 재수없을 확률이 더 높다는 것을 알았기 때문일까요? 한쪽 의미로만 편향된 이유를 밝혀내야 할 것으로 보입니다. 그게 아니면 불행에 대한 어떤 조짐이나 상징 혹은 대상물에 대한 핑계거리를 찾는 데 자주 사용했기 때문일까요. 연구가 많이 필요한 부분입니다. '재수가 없다'는 기본형에서 '재수없다'로 변형되는 과정에 확률론적인 사고가 개입되었는지를 현재는 알 수 없기 때문입니다. 저는 표현이 변형하는 당시의 시대상을 알기 어려운 한계에 가로막혔습니다.

ㄷ. 그 외의 경우

[힘(명사)+이(조사)+띄어쓰기+들다(동사)] ⇒ 기본형

- 힘(명사)

ㅇ 사람이나 동물이 스스로 움직이고 또 다른 것을 움직일 수 있는 근육의 작용

ㅇ 서 있는 물체를 움직이게 하거나 움직이고 있는 물체의 속도를 바꾸거나 정지하게 하는 원인이 되는 작용

ㅇ 어떤 일을 할 수 있는 능력이나 역량

ㅇ 도움이나 은덕

ㅇ 효력이나 효능

○ 개인이나 단체를 통제하고 강제적으로 따르게 할 수 있는 세
   력이나 권력

○ (물건 따위가) 튼튼하거나 단단한 정도

- 들다(동사)

○ 안이나 속으로 가거나 오다

○ 안에 담기거나 섞이다

○ (돈이나 노력·물자·시간 따위가) 필요하거나 쓰이다

○ (볕이나 불길 따위가) 어디에 미치다

○ (물감·물기·색깔·소금기 따위가) 옮거나 배다

○ 느낌이나 생각 따위가 일어나다

○ 처지에 빠지거나 놓이다

[힘들다(형용사)] ⇒ 변형

○ 힘이 쓰이다

○ 마음이 쓰이거나 수고가 되다

○ 하기에 어렵다

　이 경우에도 눈여겨볼 만한 사항이 있네요. '명사+조사+띄
어쓰기+동사'였던 기본형에서 '명사+동사'인 변형태로 압축
되었다가 심지어는 그 품사가 최종적으로 '형용사'로 변형된
것을 목격할 수 있습니다. '있다, 없다'의 경우에서는 그 품사

자체가 동사가 아닌 형용사이기에 이런 품사변화 현상을 기대할 수는 없습니다. 우리가 주목할 것은 다음과 같습니다.

명사+조사+띄어쓰기+동사 ⇒ 동사
명사+조사+띄어쓰기+동사 ⇒ 형용사
명사+조사+띄어쓰기+형용사 ⇒ 형용사
명사+조사+띄어쓰기+형용사 ⇏ 동사

협착이나 압축 형태로 서술부의 품사변환이 이루어질 때, 동사에서 형용사로 변형되는 사례는 발견됩니다. 그러나 형용사에서 동사로의 변형은 그 사례를 아직 파악하지 못했습니다.

* 해소
띄어쓰기와 조사를 생략하는 이러한 현상은 빈번하게 나타난다고도 볼 수 없습니다. 그렇다고 희박하게 나타나지도 않습니다. 우리 실생활에 직접 닿아 있는 즉, 생존에 관계되는 분야에서 유독 두드러지게 나타납니다. 이를 테면 의식주를 중심으로 한 먹고 입고 살아가는 문제(힘들다)에서부터 시작하여 세상살이에 대한 주관적인 감정(욕하다)을 거쳐 체

념적이거나 정치적인 영역(판치다)에까지 그 경향이 드러납니다. 이 사안을 단순하게 평가하여 단지 본딧말에서 준말이 그러하듯이 발화량을 줄이려는 경제성만을 따지려 한다면 큰 실수를 하는 꼴입니다. 작은 부분에만 집중한 나머지, 아주 큰 부분을 놓치는 일일 겁니다. 겨우 주격조사 한 글자와 발화량에는 거의 존재감이 없을 정도의 띄어쓰기 하나를 보태 없앤 거라는 식의 경제논리는 논리라는 말이 무색할 정도로 초라하지 않습니까? 단순한 줄임말의 형태가 아니라는 점을 연거푸 강조하겠습니다.

　백번 양보해서 조사와 띄어쓰기가 있다는 건 화자의 판단보류나 유예에 따른 것이라고 칩시다. 시간이 흐르면서 점차 청자의 빗발치는 요청에 의해 화자가 다소 역할이나 의미가 희박한 '조사+띄어쓰기'를 한 번에 생략하는 습관이 관용적으로 허용되기에 이르렀다고 쳐도, 그 활용성이 극히 한정적인 점만 보더라도 설득력이 매우 떨어지는 것이 사실입니다. 제 입장에서는 오히려 남용되어 문제를 야기시키는 비속어에 가까운 현대인들의 축약어가 경제성 면에서는 제 역할을 톡톡히 하고 있다고 볼 수 있다고 하겠습니다. 이 논리를 빌어 인간생활을 표현하는 어휘 중 기초적이라 할 수 있는 '맛있다' 하나만 보더라도 그걸 이토록 오랜 시간 경제적으로 압축시켜야 할 근거는 전무하다시피 합니다. 비슷한 예로 '맛나다'나 '맛들다'의 유사한 사례가 추가적으로 존재한다는 사실만으로도 경제성으로 이를 설명하려는 노력은 너무 허술합니다.

게다가 품사변환에 관한 부분을 주시해야 합니다. '명사+동사에서 형용사'로의 품사변환은 그 사례가 제법 있습니다. 그런데, 그 반대의 사례도 있을 법한 '명사+형용사에서 동사'로의 품사변환은 어째서 이토록 찾아내기 힘든 걸까요. 저는 그 원인을 한국어의 경향 때문이라고 하고 싶습니다. 즉, 한국어는 이성적인 판단이나 물리적 현상을 설명하는 것을 지향하는 식으로 발달된 언어가 아닙니다. 정서적인 공감이나 정신적 감상을 나타내는 방향으로 더 발달된 표현체계라고 봅니다.

한글만 놓고 보더라도 표의문자가 아닌 표음문자입니다. 이 명백한 사실이 말하는 것은 무엇일까요? 사회의 이념이나 사상, 철학 그리고 통치원리를 엄밀하게 체계적으로 다루려는 그런 의도로 창제된 글자가 아닙니다. 그보다는 훈민정음(訓民正音, 한글 옛이름) 서문에서 밝혔듯이 '제 뜻을 한껏 실어서 표현해 보고자' 하는 아주 단순하면서도 진솔한 대중적인 욕구에 더 부합하기 위해 만든 문자입니다. 우리는 한글

아무렇습니다, 한국어

의 창제원리 못지않게 창제의 목적을 상기해야 합니다. 한글 창제 당시, 한자는 통치언어로서 역할을 하고 한글은 소통언어로서 역할을 분담할 목적이 있었음을 짐작케 하는 대목입니다.

한글이 다른 언어를 모사하는 데 더 적합하게 만든 이유도 다른 문자를 더 신속하게 습득하게끔 하는 보조적인 역할을 강화시키고자 함이 아니었을까요? 이건 제 개인적인 의문입니다. 우린 1980년대 홍콩영화 OST를 귀에 들리는 대로 한글로 받아 적어 외우곤 했습니다. 아주 친한 친구가 아니면 보여주지 못할 만큼 조악한 솜씨였지만, 노래를 따라 부르기에는 그런대로 효과를 발휘했습니다. 그것뿐이겠습니까? 풍부한 자음과 변화무쌍한 모음을 맘껏 활용하여 국적불문하고 모든 외국어로 이루어진 노래의 가사집을 누구나 작성할 수 있었습니다. 물론, 그 발음이 너무 사적(?)이어서 철저히 개인 소장용으로 그치고 말았지만요. 아주 절친한 사이가 아니라면 외국노래를 들리는 대로 한글로 적은 가사를 공유하는 경우는 거의 없었습니다. 팝송가사를 제대로 모를 때 한글만큼 요긴한 게 또 있던가요. 비록, 악보 보는 법을 배우지 못했어도 작곡하는 데 별 어려움이 없던 마이클 잭슨이라는 팝의 황제를 우리는 잘 알고 있습니다. 그는 스캣(scat)[5]

이라는 방법을 사용해서 작곡·편곡을 하고 악기구성을 했다고 합니다. 그가 한국어를 익혔다면, 스캣과정이 더 수월했을 거라고 저는 장담합니다. 아마 그였다면, 한글의 우수성을 단번에 알아차렸을 것입니다. 그의 관심이 팝음악에만 머물렀던 것이 살짝 아쉽습니다.

아무튼, 이론보다는 정서에 더 적합한 한국어는 한글이라는 표음문자를 만나 더욱 감정의 날개를 활짝 펴고 날아다니게 되었습니다. 요즘은 문화상품이다 뭐다 해서 한국을 세계만방에 널리 알리는 게 하나의 트렌드로 자리 잡고 산업도 많이 발전했다지만, 제 입장에서는 그저 아쉬울 따름입니다. 한국의 정신세계나 사고방식을 '멜로디, 리듬, 하모니'에 얹어 전파한다는 현 상황이 그냥 젊은이들의 한때의 소비방식인 향응 정도로 그칠까 봐 염려되는 것입니다. 가뜩이나 소비중심의 문화가 판치는 이 마당에 생산적이고 교류할 만한 그런 깊이감 있는 한국산 컨텐츠 하나 자랑스럽게 내놓을 수 없는 현실을 보면 기분이 착잡합니다.

한때의 열기로 지나가 버릴 문화뿐만이 아닌 한 꾸러미가 되어 엮일 내용물마저 풍요로워야 그 사회의 문화가 내실 있

---

5 의미 없는 소리를 내어 멜로디와 리듬을 표현하는 것.

다고 하지 않겠습니까? 한국이 아닌 한국어 사회의 무한성장을 위해서 이 방향은 반드시 제고되어야 합니다.

한국어에 대한 저의 이러한 분리 불안은 단시간 내에 해결되기는 어려울 듯합니다. 당분간 분리 불안을 잠재울 만한 생각을 여러모로 궁리해 보겠지만, 나날이 한국어는 그 분석에 힘이 빠질까 봐 걱정됩니다. 저 혼자만의 지나친 걱정이겠죠? 한국에 깊은 관심을 갖고 더 심도 있는 연구를 할 미래의 조력자들을 실망시키지 않았으면 하는 마음으로 해본 푸념이었습니다. 한류팬으로 시작해서 한국에 관심을 가질 그 누구든 한국의 열렬한 지지자, 연구자, 후원자로 변모시킬 힘은 우리 한국어에 있다는 걸 하루속히 깨달았으면 좋겠습니다. 미래의 한국어에 새로운 선물을 안겨 줄 제2, 제3의 '존 로스'를 기다립니다.

* 부속

이 한반도에 살던 한국어 사용자들은 정말 엄청난 문화성애자였습니다. 제대로 그 내막을 모를 이들의 눈에 그 허세는 가히 하늘을 찌르고도 남을 정도입니다. 정말 저래도 되나 싶을 정도로 수준 높은 문화를 현실에 맞지 않을 정도로 창조하고 향유했습니다. 불과 백여 년까지도 이 사회는 시를 짓는 실력으로 나랏일 하는 관리를 뽑아 썼습니다. 이게 현실적으로 가당키나 한 일일까요? 이런 문화통치로만 500년의 왕조를 버텨 왔다죠, 아마. 그 전에는 어땠을까요?

지옥에서 온 군대라며 전 세계가 벌벌 떨던 몽골군이 쳐들어왔을 때, 그 가공할 침략 앞에서도 우리 조상들은 경전을 한 글자씩 손수 깎으며 깎은 글자들에 일일이 경배하고 인쇄하며 보관하는 건축물까지 지어 올렸습니다. 현재, 이 건축물(해인사 장경판전)과 그 건물이 보관하는 인쇄용 활자(팔만대장경 경판)까지 모두 세계유산으로 등재되었습니다. 이게 민족성 정도로 보아 넘길 일인가요? 세계 역사 어디를 살펴봐도 이렇게 문화에 무모하리만치 목숨을 내던지는 민족은 없습니다. 이건 문화수준을 가뿐히 넘어서는 일종의 전통입니다. 명맥이라고 하기엔 일관적이지 않고 관습이라고 하기엔 그 정도가 지나칩니다. 이게 과연 뭘까요? 도대체 이런 걸 뭐라고 설명해야 될까요? 문화에 대한 분리 불안이라고 해야 할까요? 목숨이 경각에 달린 상황에서도 발휘되며 국가운영에 대한 현실감각조차 벗어던질 정도로 그렇게도 막강한 건가요? 한국이라면 문화를 향해 언제든지 생명이나 국가존폐를 과감히 벗어던질 수 있던 모양입니다.

아무리 생각해도 이건 별난 수준을 넘어 꽤 심각한 문화중독 증세입니다. 이건 어쩌면 중독 그 너머의 것을 보여줍니다. 역사가 말한 그대로 문화 없이는 한시도 못 사는 한국입니다. 한시도 그것 없이는 못 산다고 할 때엔 그것이라 칭하는 건 이미 기호품을 넘어 생존요소로 자리 잡습니다. 그리고 그 마음가짐을 한국어는 제 몸에 영원히 지워지지 않을 문신으로 아로새겼습니다.

8. 대칭성의 실종

인류가 구사하는 의사표현의 모든 기본형은 긍정형에서 시작합니다. 하나 혹은 둘 이상의 부정어를 첨가하는 것으로 긍정형이 부정형으로 바뀌기도 하죠. 그리고 그렇게 되는 형태도 역시 일반적입니다. 얼핏 봐서는 언어에서는 긍정과 부정이 나란하게 서 있으며, 그 대칭성이 완벽히 보장될 것만 같습니다. 그런데, 희한하게도 그렇지 않은 경우가 있더라는 말이죠. 부정형은 엄연히 존재하고 쓰이는데 그걸 긍정형으로 사용하면 영 이상해지는 일이 한국어에서 발생합니다. 아예, 긍정형이 존재하지 않는 경우도 있죠. 한국어에 지대한 영향을 끼치려고 과거 특정세력이 일부러 그리 심어 둔 것인지, 아니면 사용자들이 알아서 찾아내어 파종한 것인지 명확히 구분되지 않습니다.

* 계기

도무지 기억나지 않지만 어떤 자기계발서에서 그런 대목을 읽은 적 있습니다. '좌우명이나 금언(金言)을 지을 때 부정적인 표현은 삼가야 한다'고요. 안 좋은 예로 든 것이 나폴레옹의 '내 사전에 불가능이란 말은 없다'였습니다. 제가 읽었던 그 책에서는 이렇게 바꿔야 바람직하다고 주장했습니다. '내 사전에 가능성만이 있다'라나 뭐라나. 저는 그 부분을 읽을 때 저도 모르게 웃음이 피식 새어 나왔습니다. 고친 게 오히려 더 이상하고 부족해 보였습니다. 뭐랄까, 부정어를 사용했을 때의 그 말맛이 영 나질 않는다고나 할까요. 그렇게까지 해서 바꿀 필요성도 별로 없어 보였습니다. 더 강렬한 문장으로 남겨 두려면 애써 고치지 말고 그대로 두는 게 낫다는 잠정적인 결론을 저 혼자 내려 보기도 했습니다. 그리고 그 책의 다음 부분으로 서둘러 넘어갔습니다.

긍정문이 아무리 기본형이라고 해도 아무렇게나 부정문을 만드는 것은 아닙니다. 여기에는 세심한 주의가 필요합니다. 부정어를 홀수 번이 아닌 짝수 번으로 잘못 넣었다간 '이중부정'이 되어 오히려, 전보다 더욱 강력한 긍정문으로 돌아설 테니까요.

ㄱ. 밥을 먹는다.

ㄴ. 밥을 먹지 않는다.

ㄷ. 밥을 안 먹는다.

ㄹ. 밥을 안 먹지 않는다(밥은 꼭 먹는다).

위에 예시한 긍정문과 부정문에 단서를 하나 붙여 보면 그 뜻이 더 명확해집니다.

ㄱ. (고기 먹을 때) 밥을 먹는다.

ㄴ. (고기 먹을 때) 밥을 먹지 않는다.

ㄷ. (고기 먹을 때) 밥을 안 먹는다.

ㄹ. (고기 먹을 때) 밥을 안 먹지 않는다(고기를 먹더라도 밥은 꼭 먹는다).

이 외에도 부정형을 만드는 데 순서를 엄격하게 지켜야 하는 표현도 존재합니다. 어쩌면 이는 어휘 분석을 넘어서서 논리학이나 철학 영역까지 넘보는 부분일 수도 있겠습니다. 까딱 잘못하다간, 어느 집 담벼락에서 '낙서금지'라고 휘갈겨 놓은 '낙서'를 볼 때만큼이나 당황스러울 수도 있거든요. 그 낙서 아래에 조그맣게 '이것도 낙서'라고 질책성으로 써 놓은 것도 보일 때면, 낙서를 낙서 외에는 받아칠 게 정녕 없는 것인가 하는 끝없는 물음에 더러 휩쓸리기도 합니다. 그러니, 부정형을 만들 때 각별히 주의해야 합니다. 아래와 같은 경우는 부정형 어휘들 간에 대등한 지위를 약속받지 못했습니다. 이 경우에는 이중부정이 늘 가능하지 않다는 것을 알 수 있습니다. 부정의 의미가 대등하지 않기에 맞교환이 불가합니다.

ㄱ. 없음이 아니하다. (성립하지 않음)
ㄴ. 아니함이 없다. (성립함)

앞의 것은 표현이 성립되지 않지만, 뒤의 것은 성립됩니다. 부정표현은 서로 차별적 지위를 갖습니다. 한마디로 불평등합니다. 불평등은 이것만으로 그치지 않습니다. 더 희한한 불평등이 얼마든지 존재합니다.

우리가 영어권의 부가의문문을 배울 때, 어려워서 힘들어 하지는 않았습니다. 오히려, 너무 단순하고 간단하게 작동되는 바로 그 점이 우리를 곤혹스럽게 내몰았죠.

ㄱ. She is going to go to the party, isn't she? Yes, she is. / No, she isn't.

(그녀는 파티에 갈 거야, 그렇지 않니? 응, 갈 거야. / 아니, 안 갈 거야.)

ㄴ. She isn't going to go to the party, is she? Yes, she is. / No, she isn't.

(그녀는 파티에 안 갈 거야, 그렇지? 아니, 갈 거야. / 응, 안 갈 거야.)

화자가 부정형으로 변형시켜 질문했는데 어떻게 대답이 화자의 부정형에 호응해 주지 않고 어쩌면 이렇게도 이기적일 수가 있죠? 한국어로 번역해야 하는 왜 우리들만 골치 썩어야 하는 거죠? 상대방의 질문이 긍정형인지 부정형인지 세세하게 신경 써야 하는 한국어가 영어에 비해 억울해 보이기는 합니다. 한국어 사용자로서 마땅히 감수해야 하는 굴욕일까요? 아니면 한국어만이 지닌 특유의 자상함으로 인한 정신적인 손해일까요? 부가의문문에 대한 이 어문학적 울분을 삭일 방법을 알고 싶습니다. 그게 가능하지 않다면, 그 이유라도 알고 싶습니다.

제가 보기에, 영어는 긍정형이 기본으로 설정되어 있는 언어구조입니다. 물론, 단어 중에는 부정의 뜻을 이미 내포했을 수 있습니다. 얼마든지 가능합니다. 하지만, 부정 표현을 붙이는 조치만 취해 준다면, 부정문은 얼마든지 긍정형 문장과 완벽하게 대칭을 이룰 것입니다. 반면에 한국어는 대칭성을 완전히 무시한 채 활용되는 표현이 있습니다. 따라서 상대방의 말을 정말로 유념해서 들어야 합니다. 대칭성이 완전히 무너진 채 시작되는 대화를 하나 소개합니다.

* 착상

여러분은 폐지를 줍는 할머니께서 언덕 위로 힘겹게 리어카를 끌고 가시는 모습을 목격했습니다. 때마침 힘도 남아돌고 해서 뒤에서 살짝 밀어드리기로 했습니다. 주위에 사람도 없으니 수줍음 따위 얼씬도 하지 않습니다. 그런데, 이게 웬일입니까. 돌부리에라도 걸린 걸까요. 한쪽이 기우뚱하더니 중심을 잃은 할머니의 리어카가 당신을 덮쳤습니다. 할머니는 뒤에 여러분이 있으리라고는 꿈도 못 꿨습니다. 뒤늦게 여러분의 존재를 알아챈 할머니가 여러분에게 묻습니다.

"괜찮아요? 어디 안 다쳤우?"

다리를 다친 것 같지만 할머니를 걱정시킬까 봐 아무렇지 않은 척합니다.

"안 다쳤어요, 걱정 마세요, 할머니."

할머니가 재차 묻습니다.

"다리에서 피가 흐르는 것 같은데 어쩌나."

여러분은 다리께를 슬쩍 봤지만 다리 아픈 게 대수가 아닙니다.

할머니가 가까이 다가왔습니다.

"정말 괜찮은 거유? 뼈가 드러난 것 같은데."

여러분은 흐려지는 정신을 붙든 채 간신히 대답합니다.

"정말 아무렇지도 않다니깐요."

그 말을 내뱉는 순간 여러분의 다친 다리가 의지와는 상관
없이 휘청거리는 것이 느껴집니다. 할머니는 눈치 없게도 뭘
자꾸 물어봅니다.

"병원 가봐야 할 것 같은데, 정말 아무렇지도 않으우?"

눈앞이 점점 흐려지는 여러분은 그제야 할머니의 물음에
솔직하게 대답합니다.

"아뇨, 아무렇습니다!"

그 말만 남기고 여러분은 그 자리에 정신을 잃고 쓰러졌습
니다.

여기까지 상황을 설정하고 그 상황을 진행하는 데에 적합
한 동사를 사용했습니다. 그 동사는 아래와 같습니다.

ㄱ. 괜찮다

ㄴ. 아무렇지 않다

앞의 것은 순한국어가 아니며, 뒤의 것은 현대 한국어에서
는 긍정형으로는 거의 쓰이지 않는 화석화한 표현입니다.

ㄱ. 괘념(掛念)하다 ⇒ 괘념하지 아니하다(부정형) ⇒ 괘념치 않다
⇒ 괜치 않다 ⇒ 괜찮다

괘념(掛念, 걸 괘(掛) 생각할 념(念))하다는 뜻은 마음속에 걸어
두었다는 뜻입니다. 다른 표현으로는 '마음에 걸리다'쯤 되
겠습니다. 그런 의미가 부정어가 붙어 축약되면서 부정이 아
닌 긍정형의 의미를 지니게 된 것은 무척 신기합니다. 별 문
제도 없고 특별한 이상도 없이 멀쩡하다는 뜻으로 완전 탈바
꿈했습니다. 오히려 이 '괜찮다'에 부정어를 추가하면 '괜찮
지 않다'가 되어 부정의 뜻을 제대로 발휘합니다. 최종적으
로, 본래 의미에 부정이 두 번 추가되어 원형의 의미 '마음에
걸리다'로 돌아오는 아이러니한 풍경이 우리 눈앞에 펼쳐집
니다.

실생활에서는 부정형인 '괜찮지 않다'와 '안 괜찮다'에 비
해 긍정형(?) '괜찮다'가 압도적으로 많이 사용됩니다. 이 부
정형들은 좀처럼 사용되지 않습니다. 만일 사용했다간 상대
방의 안부를 묻는 화자의 심기를 일부러 거스르겠다는 의도

만 내비치는 꼴이 되어 시비조의 표현이 되고 맙니다. 그래서 '괜찮다'의 부정형은 구체적인 불편함을 표현하는 별도의 서술어를 사용하는 식으로 나타나는 것이 일반적입니다(아프다 / 나쁘다 / 언짢다 / 불쾌하다 / 싫다 등). 이는 '괜찮다'라는 표현 특유의 심리상태의 방향이나 구체적 설명이 매우 광범위하고 모호하다는 것이 그 원인, 되겠습니다.

ㄴ. 아무러하다 ⇒ 아무러하지 아니하다 ⇒ 아무렇지 않다

아무러하다는 뜻은 아무것도 정하지 않은 애매모호한 상태를 뜻합니다. 어떤 상황이나 상태로도 변할 가능성을 잠재해 두고 있는 표현입니다. 이런 불안정한 상태를 한국어에서는 자연스러운 표현으로 받아들이지 않았습니다. 더군다나 서술형으로 쓰여 문장이나 발언을 완결 지어야 하는 상황에서 이런 표현은 환영받기 어렵습니다. 이렇게 불안정하고 부정형의 형태보다는 간결하고 명료한 편이 일상어로 사용하기에 더 적합하죠. 대처법은 간단했습니다. 부정형(不定形)을 부정문(否正文)으로 바꾸면, 가장 불확실했던 긍정표현이 가장 확실한 부정표현으로 남죠. 이로써 모든 불확실성은 일거에 무시됩니다. 그리고 종합적인 결과가 이 '아무렇지 않다'

입니다. 제가 예시한 '아무렇습니다!'는 거의 쓰이지도 않으며, 그걸 제대로 한 번에 알아들을 한국인은 드뭅니다. 뭐가 어떻게 아무렇다는 표현도 아니기에, 적절히 조치하거나 제대로 대처하기가 여간 까다로운 게 아니죠. 청자는 멍하니 서서 아무것도 못 합니다.

그렇다면 이 시점에서 의문사항이 하나 도출됩니다. 표본으로 제시한 '괜찮다'와 '아무렇지 않다'처럼 한쪽으로 기울어진 비대칭성은 무엇으로부터 기인한 것인가 하는 그런 문제 말입니다. 지배계층의 음모였을까요. 아니면 피지배계층의 굴복이었을까요. 누구의 책임이 더 크냐는 물음은 지금으로서는 알 도리가 없습니다. 그리고 혐의는 일방적이지 못합니다. 언어라는 것은 발화자와 청취자 간의 협력으로 그 생명을 이어 가기 때문입니다. 혼잣말이 아닌 이상 우리는 누구나 발화자와 청취자의 역할을 수시로 바꿔 가면서 담화에 참여하고 문장을 읽고 씁니다. 혐의점을 두고 수사망을 좁히는 노력은 소용없습니다.

더구나 발화자와 청취자의 역할 분담률을 분석하는 것은 타당치 못한 구석이 있습니다. 지배계층이 발화자인 경우가 많을 듯하고 피지배계층이 청취자인 경우가 많을 듯하지만, 과연 그럴까요. 그보다는 어떤 계층이 언어방식을 더 자신의 내면화하는 데 열심이었느냐로 따져보는 것이 언어의 비대칭성의 원인을 규명하는 데 더 적절하리라 봅니다. 예를 들어서 직설적 표현 양상에 대해서는 아무리 지배층에서 그것이 빈번하더라도 겸양의 미덕이라는 측면에서 입지가 많이 좁아질 가능성도 있는 데다가, 피지배층에서도 복종의 미덕이 팽배한 상황(말하기도 전에 알아서 따르는)하에서는 활용가치가 떨어지기 십상입니다. 직설적 표현은 위계질서에 대한 존중심이 높고 체면치레를 중시한 한국사회의 이력에는 어울리지 않습니다. 그보다는 편향적 표현이 환영받았을 확률이 높습니다. 편향성은 대칭적 부정표현을 사전 차단하는 효과를 발휘하기에 좋습니다. 따라서 늘 부정표현에 대한 긴장감을 낮추는 데[6] 더 효율적입니다. 대칭적 부정표현의 축소로 인한 사회적 긴장해소는 자연스레 사회비용을 절감하는 데 상당한 효과가 있었습니다.

사회적 긴장해소로 이득을 보는 집단은 다양합니다. 기득권을 누리는 계층에서 비롯하여 생계 안정에 누구보다도 목마른 사회근간을 이루는 계층까지 묵시적으로 표현의 편향성에만 기대는 결과를 연쇄적으로 누적해 왔습니다. 그래서

---

6 진실 여부를 가리는 데엔 무척 취약한 게 약점입니다.

직설적 표현은 부정형을 압축한 표현(긍정형)에 밀려나고 엄연히 표현의 대칭이 되는 부정형마저 여간해서는 잘 쓰이지 않게 되었습니다. 긍정형에 비해 사용 빈도수가 압도적으로 적은 부정형은 어색함을 야기합니다. 이런 풍조가 더욱 부정형을 활용도에서 배척케 하는 결과를 낳고 그 결과는 또 그런 풍조를 더 가속화했다는 것이 저의 주장입니다.

묵시적 사회	표현의 편향성	부정형 압축 긍정형	부정형 쇠퇴	묵시성 강화

아쉽게도, 지금에 이르러서도 이와 관련한 자료들이 거의 확보되지 못한 상태입니다. 저의 지식과 실력이 태부족한 이유로 훗날 여건이 되면 고증과 실례를 번갈아 가며 여러분에게 소개해 드리고자 하는 마음만 가득합니다. 그저, 다급할 뿐입니다. 하지만 실망하기엔 아직 이릅니다. 언어를 통해 당시의 사회상을 그려 보고 사고방식을 이해하는 날이 언젠가 학술적으로든 실용적으로든 의미 있게 다루어지는 그날이 꼭 오리라 믿습니다. 한국은 이제 단지 아시아 변방의 나라로 설명하기에는 그 영향력이 너무 커져 버렸고 한글은 한 나라의 독특한 언어체계로 치부되기에는 무척 소중한 인류

문화유산으로 자리매김했습니다. 이제 한글의 근간이 되어 온 한국어를 다시금 눈여겨볼 때입니다. 누구의 손에 맡겨서도 안 됩니다. 한국인의 손으로 한국어의 다층적이고 자유로운 연구에 박차를 가할 때입니다.

* 해소

표현의 불균형과 비대칭에 대해서는 이미 많은 얘기를 했습니다. 그 존재성을 규명하는 건 너무 많아서 이루 다 헤아리기 힘들 정도입니다. 더구나 일제강점기를 거치며 법률용어상 '~라고는 아니 할 수 없다'는 식의 두루뭉술한 표현이 사회 전반에 뿌리박혀 있는 것도 이 현상에 일조했다고 봅니다. 호방하고 명쾌한 표현을 요구하는 것이 발화자로 하여금 부담스러움을 각오하게끔 밀어붙이기도 합니다. 어디에서부터 이 문제를 해결해야 할까요? 과거는 과거이고 말지만 현재는 어떻게 합니까? 그리고 미래는 어떤 식으로 표현의 균형과 대칭성을 확보해야 할까요? 쉽지 않은 일입니다. 하지만 미래세대를 위해 저와 여러분이 할 역할을 모른 체하면 안 됩니다. 그러기에는 한국이 인류역사에 미치는 영향이 날로 커져만 가기 때문입니다. 이젠 숨을 곳도 물러설 곳도 없습니다. 지금 서 있는 이 자리에서부터 하나씩 한국어의 숨은 의미를 발굴하고 개선하고 재발견해 나가야 합니다.

　법철학에 관해 조금 생각해 보기로 합니다. 법, 특히 민법이나 형법에서의 인간의 선의란 '어떤 행위나 사건에 의해 자신이 받을 그 이익 또는 불이익에 대해서 사전에 인지하지 못했음'으로 규정하는 경향이 있습니다. 간단히 말해, 인간의 악의란 '인지했음(미리 알고 있었다)'으로 명료하게 풀이됩니다. 인간의 선악을 가르는 데 있어서 '아는 게 힘'이기보다는 '모르는 게 약'이 더 확실하게 처방된다고 하겠습니다. 인간에 대한 선의지보다는 무지에 의한 불가피성에 의존하는 것이 법이라면 우리가 여지껏 바라보았던 법의 이미지에 비해서 무척 초라한 모습이겠습니다. 과연, 이런 발상이 타당하다고 생각합니까?

　저는 법이 그렇게 뒤틀린 시선으로 인간군상을 정리하는 게 일견 타당하다고도 보는 입장입니다.

　어처구니없다(있다)에서 말하는 어처구니란 '맷돌을 돌리는 손잡이'입니다.
　시치미 떼다(붙이다)에서 말하는 시치미란 '길들인 매의 주인의 소유표식'입니다.
　어림없다(어림있다)에서 어림이란 '대강 짐작으로 헤아림'입니다.

홀몸이 아니다(홀몸이다)에서 홀몸이란 '혼자의 몸'입니다.

위에 나열한 표현들은 자주 사용됩니다(괄호 안의 표현은 좀처럼 쓰이지 않습니다. 있으나 마나 한 표현입니다). 이 표현들은 상대적으로 자신의 불리함을 주장하는 데에 능하면서도 동시에 유리함을 감추는 데에 능한 표현이기 때문입니다. 변명조로 여겨지는가 하면, 상대방의 주장을 묵살하려는 의도도 심리 저변에 깔려 있습니다. 성악설에 대한 대처방법을 공식화한 것이 법이라면, 법이 인간을 곱지 않은 시선으로 지켜보는 것도 일견 타당하겠습니다. 어쩌면 긍정과 부정 두 가지의 선택의 기로에 늘 서 있어야만 하는 대칭성의 위태로움보다는 한 가지에 맹종하는 안정된 비대칭성(편향성)에 더 기대고 싶은 사회심리가 이런 표현들을 생산하고 유포하고 한국어 사용자들에게 더욱 노출시켜 왔는지도 모르겠네요. 예전에, 어떤 텔레비전 프로그램에서 어느 외국인이 한국식당의 간판을 보고 섬뜩함을 느꼈다는데, 그런 감정을 외국인으로 하여금 느끼게 한 것이 이런 대칭성에 입각한 판단이었을 거라 짐작만 해봅니다. 간판에 쓰인 내용은 '할머니 뼈다귀 해장국'이었습니다. 간판 특성상 명사만으로 그 내용이 구성되죠.

아무렇습니다, 한국어

ㄱ. 할머니(가) **뼈다귀**(로 만든) 해장국 ⇒ 한국인의 비대칭적 추론

ㄴ. 할머니(가 / 의) **뼈다귀**(를 갖고 / 로 만든) 해장국 ⇒ 외국인의 대
칭적 추론

물론, 간판을 본 외국인은 상식 범주에서의 상상력과 최악
의 패륜적 음식 사이에서 고민했을 것이 분명합니다. 그리고
해장국의 뼈다귀로 들어가는 할머니의 가능성을 점쳐 봐야
만 했을 것입니다.[7] 간판을 보며 입맛을 다실 패륜아를 상상
하는 것은 대칭적 사고방식을 가진 이들의 몫으로 넘어갔습
니다. 그러니, 그들로서는 그런 천인공노할 충격에 휩싸이는
것도 무리가 아니죠.

한쪽으로 치우치기를 선호하는 한국어식 표현을 두고 무
작정 성악설에 입각해서 대할 필요는 없을 겁니다. 하지만,
한국인이 별 의식 없이 관행적으로 한국어의 비대칭성이 안
정감을 준다는 그 편의성 때문에 계속 거기에 의지하려 한다
면, 많은 기회를 놓치게 될 겁니다. 대칭성에 대한 사고의 확
장도 반대 의견에 대해 진지하게 고민할 기회도 줄어들 것입
니다. 경제용어에 기회비용(opportunity cost)이라는 것이 있다

---

7 아예 가능성이 없는 건 아닐 테니.

죠. 선택하지 않은 기회를 비용으로 산출한 개념입니다. 우리는 요즘 제일 잘나가고 소위 먹어주고 뭔가 있어 보이는 것에 혹해서 살아갑니다. 유행이라는 것이 경제 활력소가 되며 사회 분위기에 에너지를 불어넣는 공로는 인정합니다. 그런데, 유행이 유행하기 위해서는 유행하지 않는 더 많은 패셔너블한 잠재력이 먼저 그 기회비용으로 사회 전반에 걸쳐 탄탄하고 두텁게 깔려 있어야지 이 유행에 대한 비용을 아낌없이 선뜻 지불할 수 있는 것 아니겠습니까.

대칭성을 유지하는 데에는 긍정표현과 부정표현만이 존재하는 것은 아닙니다. 심지어 부정표현이 긍정표현의 대칭으로 맞아떨어지지 않는 경우도 있습니다. 이런 비대칭성도 탐구해 볼 가치가 있어 여기에 소개합니다. 아래에 소개하는 것들은 단순 부정표현 이상의 의미를 지닙니다. 각별히 신경 써서 봐주기 바랍니다. 특히, 사전적 의미보다는 실제 활용 의미에 입각해서 용어를 설명해 두었으니 오해 없기를 바랍니다.

ㄱ. 호감 ⇒ 좋게 여기는 감정
ㄴ. 비호감 ⇒ 거부감을 느끼는 감정

아무렇습니다, 한국어

두 표현 사이에는 좋게 여기지 않거나 거부감이 없는 상태의 감정을 나타내는 표현의 부재가 드러납니다. 그 둘은 대칭이 아닌 서로 극단의 위치를 점유했습니다.

ㄱ. 관심 있다/관심을 갖다 ⇒ 호감이 작용하는 시혜적 상황
ㄴ. 무관심하다 ⇒ (마땅히 작용했어야 할) 호감이나 대응이 부재한 상황

아마도, 어떤 분은 무관심하다를 호감과 비호감의 중간영역[8]에 포함시키려는 시도를 했을 수도 있습니다. 그러나 현대 한국어에서의 무관심은 그런 의미로 사용되는 경우가 거의 없습니다. 대신 당연히 작동되어야 하지 않은 부작위로서의 무책임함에 더 원망스러운 표현으로 활용되는 것이 일반적입니다. 가까운 예로, '아버지의 무관심'과 '아버지의 무심함'은 의미상 그 차이가 상당합니다. '무관심'이 방치나 의무소홀에 가깝다면 '무심함'은 소통의 부재나 그로 인한 서운함을 뜻합니다.

---

8 '무심하다'로 표현하는 것이 일반적입니다.

ㄱ. 자비 ⇒ (고통받는 대상을) 사랑하고 불쌍히 여김

ㄴ. 무자비 ⇒ (대상의 고통에 무감하며) 잔혹함을 저지름

위의 두 표현은 자비를 베풀려는 마음의 유무만으로 대칭성을 띠지 않습니다. 호감과 비호감에서처럼 서로 극단의 위치를 점유했습니다. 더 살펴볼 점이 있는데, 자비는 사건이 발생한 후의 대처하는 태도를 나타냅니다. 그에 비해 무자비는 사건을 발생시키는 장본인의 성향 그리고 사건의 결과에 대한 관찰자들의 평가를 나타냅니다.

ㄱ. 믿지 않다 ⇒ 믿는 정도까지는 못 된다

ㄴ. 불신하다 ⇒ 상대하기를 거부하고 외면하다

'믿다'에 대한 소극적이고 완화된 거부감이 '믿지 않다'라면, 적극적이고 강화된 거부감은 '불신하다'입니다. 한글표현과 한자표현이 갖는 뉘앙스는 이 경우에 그 격차가 상당합니다. 이 둘을 구분하려면 영향력의 정도(강화, 약화, 유지 등) 혹은 설득 가능성의 유무를 그 기준으로 삼는 것이 더 정확합니다.

* 부속

긍정을 긍정 ⇒ 긍정 또는 강한 부정

긍정을 부정 ⇒ 부정

부정을 긍정 ⇒ 부정

부정을 부정 ⇒ 강한 긍정

여기에서 이중긍정 그러니까, 긍정요소를 두 번 넣음으로써 강력한 부정문을 만들 수도 있습니다. 묘하게도 그게 가능합니다. 단 조건이 붙습니다.

첫째, 화자는 반어법을 구사해야 합니다. 오직 이 방법에 한해서만 이중긍정이 부정문으로 변환합니다. 둘째, 화자가 청자로부터 반어법이라는 데 동의를 얻어야 합니다. 혼잣말인 경우엔 이 과정은 생략해도 좋습니다. 하지만 화자와 청자가 다른 경우 청자로부터 최소한 암묵적으로라도 동의절차를 거쳐야만 비로소 부정문으로 확정됩니다.

긍정을 긍정 ⇒ 긍정 또는 강한 부정

부정을 부정 ⇒ 강한 긍정

주의할 점이 새로이 주어졌습니다. 부정을 부정하는 이중부정은 예외 없이 '강한 긍정'입니다. 부정으로 인정되지 않습니다. 그러나 긍정을 긍정하는 이중긍정은 '긍정 또는 강한 부정'입니다. 대체로 긍정이지만 반어법을 사용해 표현했다면, 그것은 긍정이 아닌 '강한 부정'으로 해석합니다. 만일, 화자가 이중긍정을 써서 발언하거나 문장을 쓴다면 청자는 그의 이중긍정에 반어법이 쓰였는가를 잘 확인해 봐야 할 것입니다. 예를 보면서 그 차이점을 확인해 보기 바랍니다.

ㄱ. 잘 되었네
ㄴ. 퍽 좋겠다

반어법이 없는 경우, 단순한 긍정 혹은 강한 긍정을 나타냅니다.

ㄱ. 잘도 되었네
ㄴ. 퍽이나 좋겠다

반어법이 있는 경우, 긍정이 아닌 강한 부정을 나타냅니다.

아무렇습니다, 한국어

9. 교양의 근거

사회생활을 영위한다는 것은 생존에 필수적인 요소 이상의 자원을 필요로 합니다. 우리는 여러 가지 감각을 동원하며 필수적인 것 외의 자원을 습득합니다. 물질이 아닌 것을 향유하려는 우리의 욕구가 작용하기 때문입니다. 정신적인 자원은 그 일익을 담당하고 있습니다. 뭐니뭐니해도 취미로 시작하는 모습이 가장 아름다워 보입니다. 거기에는 자발성과 함께 무한한 애정이 깃들여 있기 때문이죠. 교양은 투입하는 것이 아니라 권유하는 것이니까요.

* 계기

따분한 주말이었습니다. 저녁시간이었습니다. 볼 만한 프로그램이 없을까 하는 마음에 텔레비전 채널을 이리저리 돌렸습니다. 한 두어 바퀴쯤 돌렸을 때, 익숙한 얼굴을 보았습니다. 가수 양희은 씨, 어머니와 제가 동시에 좋아하는 몇 안 되는 가수 중 한 명입니다. 그런데, 어머니가 좋아하는 모습과 제가 좋아하는 모습은 전혀 달랐습니다. 어머니는 긴 생머리에 청바지를 입고 기타를 치는 청순한 아가씨의 모습으로 그녀를 기억하고 있었고, 저는 그녀가 데뷔하던 시기에 태어나지도 않았기에 가끔 과거 그녀의 모습을 그냥 그런가 보다 하고 여기며 어머니의 옛 기억과 견주어 보는 게 다였습니다. 어머니는 그녀를 추억으로 삼아 좋아합니다. 새카맣고 찰랑찰랑한 머릿결과 수수하면서도 청명한 눈매, 그리고 시대의 목소리를 담아 반듯하게 부르는 그녀의 창법을 어머니는 사랑했습니다.

제가 그녀를 좋아하게 된 것은, 어머니가 그녀에 대한 관심이 시들해지면서부터였습니다. 어머니가 좋아하던 그녀의 활동시기와 제가 좋아하는 그녀의 활동시기가 겹치지 않습니다. 마치 어머니로부터 제가 바통을 넘겨받은 그런 형국입니다. 제가 그녀를 좋아하는 건 짧은 머리카락도 안경을 쓴 눈매도 무서우리만치 당당하고 씩씩한 목소리도 아닙니다. 제가 그녀의 성대모사를 하노라면, 그걸 듣고 있던 어머니는 까무라칠 듯 웃습니다. 어머니의 웃음소리를 즐겨하는 저는 신기하게도 그녀의 음반 하나를 제대로 사본 적도 없습니다.

그런데, 저는 왜 그녀를 좋아하는 걸까요. 지루했던 어느 주말, 프로그램에 나와 노래를 부르는 그녀의 모습에서 그 이유를 찾았습니다. 그리고 또 한 사람이 문득 머릿속에 떠올랐습니다. 추사 김정희였습니다.

추사 김정희, 그의 그림과 글씨들은 왜 그렇게 세상으로부터 고평가를 받는 것일까요? 단지 작품이 좋고 훌륭해서? 저는 약간 삐뚤어진 데가 있습니다. 꽤 있습니다. 누군가 제게 추사 김정희의 글씨가 왜 그렇게도 예나 지금이나 사람들로부터 추앙받느냐고 물으면 예전 고등학교 미술선생님의 시니컬했던 대답을 곧장 인용해서 들려주곤 합니다. 희소성일까요? 아닙니다. 물론, 그 영향도 있겠지만 그게 평가기준의 전부는 아닙니다. 저는 그렇게 여깁니다. 그렇다면, 추사의 작품은 대체 어떤 힘이 작용해서 그 가치를 높여 주었을까요? 미술선생님은 이렇게 말했습니다.

"사람들이 죽어, 추사의 작품 하나 얻어 오는 길에 죽어. 그냥 공짜로 받아오는데도 죽어."

그의 작품에 저주라도 걸려 있던 걸까요? 미술선생님이 지어낸 낭설로 받아들이기에는 그 여운이 참 묘했습니다.

"옛날 제주도가 어떤 곳인지 알아? 지금이야 비행기가 있어서 언제든지 왕복할 수 있기나 하지."

자세한 건 말하지 않겠습니다. 다만, 왕을 위시한 사대부들 간의 정권다툼에 밀려 제주도로 귀양을 가게 된 것이 그의 말년 삶이었습니다. 그로서는 정적으로부터 참형을 받는 대신에 목숨을 부지한 것만 해도 참 다행스러운 일이라 해야겠죠. 하지만 붓글씨로 치자면 당대 최고의 경지에 도달했다고 자타가 공인하는 그런 인물이었습니다. 친필 한 점이라도 받아 보겠다고 위태로운 배 한 척 띄워 제주도로 향하는 젊은이들이 상당했을 것이라 미술선생님은 추정했습니다. 그리고 그 배에는 외국에서 사온 진귀한 선물들로 가득했을 거라고도 하네요. 웬만한 명문가의 자제가 아니라면 꿈도 못 꿀 일이었다는 설명이었습니다. 웬만한 각오 없이는 목숨을 걸고 그 많은 재물과 시간 그리고 정성을 들여 제주도를 방문할 수 없었으리라는 미술선생님의 설명이 이어졌습니다.

　"뿐이겠냐? 일단 추사를 만난다는 건 출세하기를 포기했다는 선언이기도 해. 추사의 정적들이 정권을 모조리 장악하고 있는 상황에서 제주도로 배를 띄운다는 게 무슨 의미인지 모를 사람들이 아니었거든. 현 정권에 대한 정면 도전인 거지. 제주도로 향한다는 건."

　그 시절 그 분위기에도 제주도로 향하는 배는 끊이지 않았답니다.

　　　　　　　　　　　아무렇습니다, 한국어

"일기예보도 없었어! 제주도로 가는 배, 제주도에서 오는 배 얼마나 많이 바닷속에 가라앉았겠냐?"

"예술이란 게 그런 거란다. 죽음으로 가격을 올려 줘. 그러니 죽을 각오 아니면 예술할 생각조차 하지도 마! 알았어?"

"네, 당근 빠따죠!"

우리 반에서 한 녀석이 불쑥 대답했습니다. 반항기와 장난기가 황금배합을 이루는 그런 친구였습니다.

"너, 그거 무슨 소리야?"

"아이 선생님, 당근 빠따라고요."

"내가 모를 줄 알고? 너 그거 욕이지!"

아이들은 모두 한목소리로 아니라고 말하며, 미술선생님을 진정시키려 했습니다.

"너, 당장 요 앞으로 나와! 새꺄!"

사태가 심각해졌다는 것을 알자, 아무도 미술선생님을 말리지 않았습니다. 일단 권력자가 화나면 어떤 해명이나 설득도 통하지 않는다는 것을 그때의 우리들은 잘 알고 있었기 때문입니다. 당시 고등학생들 사이에 돌아다녔던 '빠따'라는 비속어는 '여지없이 얻어맞아야 하는 데 동원하는 단단한 막대기 종류의 물건(bat)'을 의미했으며, 이 용어는 21세기인 지금까지도 사용되더군요. 아마도 '여지없다' 아니면 '꼭 맞게 된다'는 의미로 맞장구치듯이 '빠따!'를 외친 그 친구는 정말 미술선생님에게 수없이 '빠따'를 맞았습니다. 녀석의 말마따나 말 그대로 완전히 '빠따'였습니다. 예술의 가치를 김정희라는 인물의 예를 들어가며 설명하던 미술선생님이 그런 폭력적인 모습을 보였던 건 여전히 충격으로 제 가슴속에 남아 있습니다. 제 입장에서 보면, '예술은 짧고 빠따는 길었습니다'. 지금도 이해하기 힘든 미술선생님의 그 급작스러운 태도 변화를 어떻게 이해해야 할지 그저 난감할 따름입니다. 선생님들 중에선 무척 진취적이었고 세상의 부조리에 대해 그 누구보다 격분하던 그분이 왜 그렇게 야누스 같은 모습을 보였을까요? 아마도 그 진지해야 할 타이밍에 비속어를 툭하고 던진 그 녀석의 태도, 그것이 못마땅했던 것이었나 하는 추론을 해봅니다. 하필이면 근거도 없고 보편화되기에도 이른 감이 있던 그 말만 쓰지 않았어도 빠따를 맞지는 않았을 것을. '빠따'만 쓰지 않았던들 그런 낭패를 겪진 않았을 것입니다. 미술선생님 입장에서 보면 '빠따'는 '존나(졸라)'와 비슷한 선상에서 해석되었을 겁니다. 의미는 몰랐더라도 그 수업 분위기, 그 상황, 그 타이밍에 비속어를 사용했다는 것이 미술선생님에게 용납되지 못했던 것입니다. 저는 그렇게 추측합니다. 조용히 불러내어 타이르기엔 선생님의 혈

아무렇습니다, 한국어

기도 당시의 우리 못지않게 왕성했습니다. 무척 젊은 선생님이었죠. 아마 김정희와 동시대를 살았다면 제주도를 향해 배를 몇 번이고 띄웠을 그런 성격의 소유자였습니다.

* 착상

김정희의 추사체(秋史體)를 감상해 본 적이 다들 있을 겁니다. 너무 익숙한 나머지 그냥 지나쳤을 수 있습니다. 뚜렷이 기억나진 않아도 한 번 이상은 다들 스쳐 지나가면서라도 봤을 겁니다. 서체는 우직하기도 하고 약간 억세기도 합니다. 보기에 따라서는 무심하게도 보이고 때론 날카롭게도 보입니다. 그의 글자는 감상자의 마음에 달려 있으니 마음을 제대로 먹고 감상해 봤으면 좋겠습니다. 그런데, 몇 글자 써놓은 그런 것 말고, 수십 자씩 써놓은 추사체를 감상해 볼 것을 여러분에게 권합니다. 특히 편지용도로 써놓은 것 이를테면 '기양제첩'을 보면 감상자에게 어떤 충격을 선사합니다. 한마디로 정리하자면, 자기 마음대로 쓴 글씨체입니다. 크기도 작고 크고 길게 늘어뜨렸다고 짧게 올라챘다가 둥글었다가 모났다가 완전히 난장판입니다. 그런데 전체적으로 멀리서 보면 또 가지런하게 정리되어 있는 겁니다. 흡사 큐비즘(cubism)[9]의 서예 버전(version)을 보는 듯한 착각 속으로 빠져

듭니다. 글씨가 제 맘대로 날뛰고 느긋하게 놀고 있습니다. 그러면서도 절대 질서를 흐트러뜨리지 않습니다. 교묘하게 '빠따' 맞을 짓은 피해 가면서 요리조리 최대한 자유를 만끽하는 것처럼요. 보고 있는 것만으로도 아슬아슬합니다. 낙서와 질서의 경계선에 날을 세워서 마치 영험(靈驗)한 무당처럼 그 위를 덩실덩실 타고 다닙니다.

노래를 이런 식으로 부르는 가수가 딱 한 명 있습니다. 한국에 있습니다. 현존하는 가수입니다. 양희은입니다. 젊은 시절의 그녀는 지금 창법과는 전혀 다르게 노래를 부릅니다. 그녀가 데뷔할 당시의 창법은 아주 정직하고 모범적이죠. 목소리 그대로가 메시지인 것처럼 노래 부릅니다. 노래를 듣고 싶으면서도 동시에 그 가삿말대로 현실을 믿고 싶게 만드는 그런 창법이었죠. 거기까지는 저희 어머니가 좋아하던 그녀입니다.

나이 들어 좋다며 소리 높이고 다니는 그녀, 지금의 창법은 예전과는 전혀 달라졌습니다. 녹음한 노래들에서는 발견할 수 없는 창법이기조차 합니다. 저는 누가 그녀의 앨범을

---

9 20세기 초에 프랑스에서 일어난 서양미술 표현 양식의 하나입니다. 입체주의로 알려져 있습니다. 대표적인 화가로는 폴 세잔, 조르즈 브라크, 파블로 피카소가 유명합니다.

선물한다고 해도 거절할 것입니다. 살아 있는 그녀의 창법은 녹음된 목소리를 단번에 생매장시키는 능력을 가졌습니다. 그녀의 목소리는 추사체의 그것과 몹시 닮았습니다. 난데없이 옥박지르다가 가만히 속삭이다가 축 늘어졌다가 벌떡 일어섰다가 굴렀다가 움츠렸다가 소절보다 더 잘게 음 하나하나를 썰어 제각기 다른 악보에 마음 내키는 대로 꽂아 넣는 듯한 창법을 구사합니다. 노래를 하는 것이 아닌 숫제 목청으로 연주를 하고 있습니다. 심지어 변주곡이기까지 합니다. 언젠가는 저의 소리 없는 목소리로 그녀의 연주솜씨를 따라다니며 찬양할 날이 있을 겁니다.

그녀의 목소리를 가만히 듣고 있노라면, 이런 생각도 듭니다. 나이 듦이란 죽음을 향한 행진이라는 그런 생각을요. 그녀의 목소리가 그 순간 빙글 돌아갑니다. 제 생각의 보이지 않던 부분을 비쳐 줍니다. 죽음을 향한 행진, 그 진실이 꼭 슬픈 것만은 아니라는 생각을 그녀의 목소리를 들으며 실감합니다. 죽음이 가까워질수록 찌든 삶에서 점점 자유로워질 수도 있는 거구나 하고 말이죠.

* 해소

모난 돌이 정 맞는다고 하죠. 돌출된 것은 늘 제거와 연마를 예비합니다. 우리는 살날도 많지 않은데 무얼 또 열심히 들 갈고 닦아야 한답니까? 모습 하나하나 곱게 꾸민 사람들의 총집합이 정녕 아름다운 것인가를 생각해 봤습니다. 결론부터 말하면, 아주 끔찍합니다. 모두 잘생기고 예쁜 사람들이 모여 만든 사회는 뽐내기에 여념이 없죠. 서로를 비교하고 틀에 박힌 듯 한 곳을 지향하기 바쁩니다. 그런 사회는 두 종류의 사람들만 삽니다. 아니, 살아남습니다. 예쁜 사람과 바쁜 사람. 둘만 남고서도 서로 경쟁이 붙습니다. 예쁘게 바쁜 사람과 바쁘게 예쁜 사람.

추사 김정희와 가수 양희은, 순전히 자기 멋에 살아갑니다. 이 둘은 예쁜 사람도 아닌 데다가 바쁜 거와는 정 반대선상에 있는 사람들입니다. 얼핏 보면 무너져 내리는 것처럼 보여도 전체적으로는 삶의 완성도를 높여 갑니다. 수명의 구조화에 생활의 부조화를 끌어들여 삶을 이룩한 선구자들입니다. 부분적 못생김을 통해 전체적 잘생김을 이루는 깊은 이치를 엿보았을 두 사람입니다. 그들의 반대되는 모습은 어떨까요? 이런 것을 생각해 볼 수 있겠네요. 부분 부분이 예쁜 성형수술이겠죠. 그런데, 그 예쁜 것들의 총집합이 흉악스럽게 보인다는 건 너무나도 잘 알려진 실험결과입니다.

추가 김정희의 글씨가 그러하듯이, 가수 양희은은 음절마다 다른 방식으로 쪼개어 소리를 연주합니다. 듣는 사람을 다그치는 건지, 슬픈 건지, 조용한 건지, 달래려는 건지, 느긋한 건지 모를 그 복잡다단한 심정을 한 소절 안에 사정없이 구겨 넣습니다. 예측불허입니다. 처음으로 보는 묘한 몸뚱이와 색깔로 단장한 애벌레의 움직임을 감상하는 것 같습니다. 무턱대로 굵어지다가 한없이 가늘어지기도 하는 공기의 떨림에는 역동성과 입체감이 있습니다.

양희은은 자기 멋대로 노래하기에 그 노래가 멋있는 겁니다. 그녀처럼 멋있게 노래 부르고 싶다면 여러분만의 멋을 찾고 그 멋대로 노래 부르시길. 그렇게 하면 결코 양희은처럼 될 수 없겠지만, 양희은도 따라잡지 못할 여러분 자신이 될 것입니다. 굳이 서로를 닮으려고 애쓰지 말자고요. 서로를 담아내려고도 하지 말고요. 누군가를 쫓아가거나 따라잡고 제치는 데 탕진하기에는 우리의 삶이 너무 아깝습니다. 양희은의 노래는 양희은에게 맡겨 두고, 각자 맡을 노래를 찾아봅시다. 만일 못 찾겠거든 손수 만들어 보는 것도 좋습니다. 꼭 노래의 형태가 아니어도 좋습니다. 노래가 아니어서 더 좋을지도 모르죠.

* 부속

교양은 보여주기 위한 것으로 시작할 순 있어도, 보여주기로 끝나지는 않습니다. 제가 써대는 이 글이 그러한 것처럼요. 결국 자기의 것은 자기 것대로 챙겨 가는 겁니다. 항간에는 원천 데이터에서 가공한 데이터가 원천 데이터를 능가할 수 없다고 하는데, 그건 틀린 말입니다. 수학에서 배우는 조합의 원리조차 모르고 하는 소리입니다. 청출어람(靑出於藍)이라는 말도 들어 보지 못한 사람들이나 하는 말이죠. 인류의 능동성을 과소평가한 겁니다. 교양은 남의 것으로 시작할 순 있어도 남의 것으로 끝나지는 않습니다. 자기 것으로 회귀하는 그 여정을 뭉뚱그려 '교양'이라고 일컫는 것입니다. 사람들은 때론 귀신같이 알아차립니다. 자기 자신을 향한 사람인지 아니면 다른 사람을 향한 사람인지를요. 역설적이게도 다른 사람을 향한 사람들일수록 그걸 더 잽싸게 알아차립니다. 이 글을 쓰고 있는 저도 아마 그런 부류겠죠?

자기 자신을 향한 사람은 이미 교양을 깔고 앉은 겁니다. 남들을 맹목적으로 따라나서면서부터 자신의 교양은 다른 사람이 와서 깔고 앉겠죠. 교양은 자신이 깔고 앉아 있던 자리에서 뒤적여 찾아내기로 합시다.

아무렇습니다, 한국어

10. 쌍둥이도 아닌데

혈연관계도 아니면서 우연치고는 너무 닮은 사람들이 있죠. 독일어 표현으로는 그런 사람들을 두고 도플갱어(Doppelgäger)라고 한다죠. 사람의 얼굴을 구성하는 유전자의 수가 많지 않아서 벌어지는 일인데, 희귀한 일은 아닙니다. 선천적으로 우리의 얼굴을 구성하는 유전자가 비록 그 수가 많지 않더라도 후천적으로 이에 관여하는 수는 거의 모두라고 해도 무방합니다. 우리의 몸은 살아 있는 유기체이므로, 신발 속 모랫가루 하나만 느껴져도 우리들의 표정에 즉각 영향을 끼칩니다. 우리의 인상을 좌우하는 데에는 새끼발가락을 만든 유전자도 깊이 관여하고 있음을 문득 깨닫습니다.

* 계기
〈거북이가 달린다〉라는 제목의 한국 영화가 한 편 있습니다. 이 영화엔 게으르고 무능한 형사가 등장합니다. 형사는 틈나는 대로 소싸움장에 가서 소일(消日)하는 게 일상입니다. 얼마나 소싸움장에 드나들었던지 소의 표정만 봐도 그 기량을 정확히 평가하는 게 가능할 정도입니다. 집중력이 그런데 쓰라고 있는 게 아닐 텐데도, 그의 소싸움에 대한 중독은 심각함을 지나친 수준입니다. 그를 소싸움의 전문가 반열에 올라섰다고 인정해야 할 무렵, 그는 가장 희박하면서도 확실한 소의 컨디션을 알아챕니다. 틀림없는 확신을 가진 그는 거액의 돈을 베팅합니다. 그리고 엄청난 수익을 거둬들입니다. 검은 가방 몇 개에 묵직하게 상금을 받아 온 그는 친구들과 비밀 아지트에 모여 회식을 벌입니다. 그리고는 어떤 괴한의 습격을 받아 상금 모두를 강탈당하고 맙니다. 그는 괴한의 정체를 알아차립니다. 본분이 형사인 그는 자신의 경험과 감각을 총동원하여 괴한의 정체가 전국수배가 내려진 탈주범임을 확신합니다. 싸움소를 보는 눈만 좋은 줄 알았더니 범인 보는 눈도 있었습니다. 괴한과 다투던 중 한쪽 팔에 부상까지 입은 그는 자신이 소속된 파출소로 달려갑니다. 그러나 평소 근무태만을 익히 알고 있는 경찰 동료들은 그의 말을 믿지도 않고 외면할 뿐입니다. 마음이 다급해진 그는 함께 회식했던 절친한 친구들에게 도움을 요청합니다. 하지만

아무렇습니다, 한국어

친구들은 제 앞가림하기에도 벅차다며 무관심으로 반응합니다. 이에 굴하지 않고 그는 괴한을 붙잡아 상금을 되찾을 계획을 열심히 세웁니다. 민간인인 친구가 신고하고 형사인 자신이 탈주범을 잡아 포상금을 5대 5로 나누자는 얼른 듣기에도 달콤한 제안을 합니다. 하지만, 그의 친구는 별 생각도 하지 않고 그 제안을 덥썩 무는 미련한 놈으로 보이기는 싫었습니다. 잠깐 생각에 잠긴 제스처를 보여주던 친구는 무척 의심스러운 말투로 이렇게 대꾸합니다. "근디, 누가 5여?" 친구는 의심은 많지만 계산하는 건 흐린 사람입니다. 당황한 형사는 "뭐?"라고 묻고, 뒤늦게 상황 판단을 한 친구는 "응? 아녀 아녀 아녀 아녀…"라며 말을 얼버무립니다.

영화에서 계산이 흐린 것으로 묘사된 형사의 친구는 말끝마저 흐렸습니다. '응'이라고 잠깐 정신을 추스르는 것으로 이 대화는 마무리되며 다음 장면으로 넘어갑니다.

* 착상

'응'이라는 이 글자를 볼 때마다 불현듯 수학시간에 배운 극한을 다루었던 단원이 기억나곤 합니다. 그 형태가 '0 나누기 0'의 꼴과 무척 닮았습니다. '응'이란 글자는 한국어 문자 중 하나의 표현 형태이며 '응'은 이와는 전혀 상관도 없는 수학의 표현 형태입니다. 한국어와 수학의 공통점이 있다니! 상상하는 것만으로도 끔찍한 일입니다. 그런 일은 없습니다. 앞으로도 없어야 할 일입니다. 제가 여기에서 확인받고자 하는 건 문자도 숫자도 한낱 기호라는 점을 반드시 염두하자는 의미입니다. 문자 그리고 숫자 모두 기호라는 특성을 갖고 있는 한 이런 우연이 우연만은 아닙니다. 드물게라도 도플갱어가 나타나는 건 영원히 불가능한 일만도 아닐 테고요. '응'과 '응', 제가 알아본 바로는 단지 모습만 닮은 줄 알았는데 그것으로 그치지 않았습니다. 예상치 못한 공통점을 지니고 있었습니다. 사용법이 두 가지였습니다.

ㄱ. 숫자 0의 역할

오래된 문제 하나를 내보겠습니다. 전화번호 숫자를 모두 곱하면? 0입니다. 그런 결과가 나오는 이유는 바로, 0이 있기 때문입니다. 0에 아무리 큰 숫자를 곱하더라도 0이 되는 결과를 만들어 내는 것이 이 0의 위력입니다. 아무리 작은 숫자를 곱하더라도 결과는 마찬가지로 0입니다. 어떤 수를 곱하든 영락없는 0인 거죠. 덧셈, 뺄셈은 0을 무시해도 됩니다. 덧셈과 뺄셈에서의 0은 아무런 위력을 발휘하지 못합니다. 무력합니다. 그렇다면 나눗셈은요? 무슨 수든 0으로 나누는 것은 불가능합니다. 그렇게 하기로 약속했습니다. 무한 등비급수를 이용하면, 왜 이것이 불가능한가를 간단히 증명할 수 있습니다. 이 책에서는 그걸 증명해 놓지 않습니다. 그걸 버젓이 써놓았다가는 단번에 수학책이라는 누명을 뒤집어쓸지 모르니까요. 각별히 주의하겠습니다. 그런 일이 있어서는 안 되니까요. 그냥 어떤 수든지 0으로 나누는 것이 금지되어 있다 정도로만 알아 두면 됩니다. 한 가지 더 짚어 보겠습니다. 그렇다면 0을 0으로 나누면 어떻게 될까요? '0÷0 = 0/0 = 응'라고 표현할 수 있습니다. 제각기 표현만 다를 뿐 모두 동일한 의미입니다. 우리는 맨 마지막에 있는 응만 신경 쓰기로 합니다. 무슨 수를 0으로 나누든 '0으로 나누는 것은 금지'된다고 했으니 이 무슨 수에는 숫자 0도 포함되는 것 아니냐고 반문할 수도 있습니다. 그 주장하는 바, 분명 일리가 있습니다. 하지만 그건 표현은 가능할지 몰라도 계산은 불가능합니다. 어떤 이는 '0÷0 = 0/0 = 응'를 두고, 같은 수를 같은 수로 나누었으니 그 답은 응당 '1'이 되어야 한다는 주장을 할 수도 있습니다. 듣기에 따라서는 꽤나 설득력 있어 보입니다. 그러나 그것도 결과값이 1이라는 것을 증명하기는 너무 어렵습니다. 어쨌거나 0은 이처럼 현대수학에 없어서는 안 될 지위를 공고히 하고 있습니다. 0의 첫 번째 역할에 대해 간략하게 알아봤습니다.

두 번째 0의 역할이 있습니다. 0은 무한히 큰 숫자를 표현하는 데 효과적입니다. 우리는 보통 십진법을 사용합니다. 어떤 자리의 숫자이든 1부터 9까지 그 자리에 채워 넣을 수 있죠. 그런데, 9 다음은요? 그렇습니다. 그 위의 숫자에 1을 보태 주고 원래 있던 자리에는 0을 채워 넣습니다. 예를 들면, 9 보다 1이 더 큰 숫자는 9+1을 한 셈이 되어 10이 되죠. 원래 9가 있던 자리에 난데없는 0이 들어왔네요. 각 자릿수의 남은 공간은 0이라는 숫자로 채워 넣는 게 정해졌습니다. 이런 식으로 하면 90보다 10이 큰 수는 100이 되고, 900보다 100이 큰 수는 1000이 됩니다. 무한히 큰 수는 아무 숫자나 하나 써넣은 뒤, 그 뒤에 0을 무한히 반복해서 넣으면 됩니다. 어떻습니까, 0을 사용하니 자릿수 관리하기가 훨씬 간편해졌죠?

ㄴ. 문자 ㅇ의 역할

이번에는 ㅇ의 활약을 살펴보겠습니다. ㅇ은 모음이 아닌 자음이기에 초성과 종성으로 쓰입니다. 종성 즉, 받침소리로 쓰일 때면 [ŋ]발음을 냅니다. 알파벳에서 n이나 ng를 써서 발음하는 것을 이 'ㅇ' 하나가 깔끔하게 정리했습니다.

역시 세종대왕의 탁월함이 그 간결성에서도 여지없이 돋
보입니다. 이렇게 천재적인 권력자가 세계사에서 또 있을까
싶네요. 세종대왕은 한글 또는 한국어를 제대로 알게 되면,
사랑하지 않을 수 없는 세계사적 인물임이 맞습니다.

'ㅇ'은 초성으로도 쓰입니다. 그런데, 여기에서는 아무런
발음이 없습니다. 하는 역할이라고는 초성의 자리만 채워 주
는 것입니다. 즉, 첫소리는 무조건 자음이 와야 한다는 한글
원칙에 따라 그 자리를 메우는 역할 외에는 아무 발음도 나
지 않습니다. 실제로 발음을 내는 건 중성, 즉 모음으로부터
시작됩니다. 예를 들어, '악'의 실제 발음은 [ㅏ]인 겁니다.
하지만 아무 발음이 없다고 해서 초성자리를 비워 놓는 건
불필요한 예외를 허용해 주는 것입니다. 그렇게 예외를 만드
느니 차라리 받침으로서 제 역할을 분명히 하는 ㅇ을 재활용
하는 편이 더 나았겠죠. 기억하기도 쉽고 뭔가 둥글둥글하니
성격도 원만(圓滿)해 보이잖습니까.

한글이 세상에 반포되기 전 한반도에서 사용하던 표음문
자 한자(漢字)에도 온갖 곡선이 난무합니다. 이상한 것은 수
천 자씩이나 되는 방대한 글자수를 자랑하는 한자 중에는 유
독 ㅇ처럼 원형으로 된 글자는 단 한 글자도 없다는 사실입
니다. 참 희한하죠. 언어는 그 사용자들의 정신을 반영한다

는 점을 재차 상기하게 됩니다.

예전에 골동품의 가격을 추정해 보는 방송 프로그램에서 이순신 장군이 사용했던 서책이 소개되었던 적이 있습니다. 그 서책은 출연자들로부터 가짜 취급을 받았습니다. 왜냐하면, 서책의 뒤편 공백에 웬 낙서가 빽빽하게 채워져 있기 때문이었죠. 장군의 서책에 낙서라니요, 가당치도 않은 일이죠. 그런데, 낙서가 좀 독특하기는 했습니다. 어쨌거나 출연자들은 절대 장군의 서책이라고 인정하지 않았습니다. 직선 그리고 동그라미의 향연이 펼쳐지는 모습은 도저히 장군의 것이라고는 봐줄 수 없었던 거죠. 그러나 감정사들의 결론은 단호했습니다. 서책은 이순신 장군의 것, 진품이라고 결론 내렸습니다. 심지어 낙서로 보이는 직선과 동그라미들은 수결(手決) 요즘 말로는 사인(signature)을 연습했던 흔적이라면서요. 얼핏 보아도 분명 한자로 된 사인 연습이었는데 어째서 동그라미들이 가득한 건지 궁금했습니다. 출연자들도 감정사들에게 동그라미의 정체에 대해 질문했습니다. 감정사들의 판단에 의하면, 그 수상한 동그라미들의 정체는 마음 심(心)자의 일부를 표현한 거라 합니다. 설명을 들으니 제 속이 다 후련했습니다. 역시 이순신 장군도 비범한 인물임에 틀림없습니다. 굳이 心자를 그렇게도 동그라미 모양으로 바꾸어

아무렇습니다, 한국어

연습했다는 건, 일관되면서도 독창성을 추구하는 그의 재능을 엿보게끔 해주었습니다. 한자에는 존재하지도 않는 동그라미를 사용해서 사인 연습을 한다는 것은 비록 사소한 행동이지만 이미 시대를 초월한 장군의 면모를 자연스레 드러냅니다. 장군의 그 기민하고도 경이로운 함대 운용술은 즉흥적으로 발휘되는 것이 아니라는 점, 깊이 깨달았습니다.

그렇다면, 이순신 장군의 사인에 담긴 의미는 무엇이었을까요. 바로, 일심(一心)이었답니다. 한마음. 음, 참으로 음미해봐야 할 대목입니다. 하나 되는 마음을 위해 하나의 직선 一과 하나의 원 ○을 결합시키려 했던 그의 마음이 파도처럼 일제히 후세를 향해 밀려옵니다. 그리고 부드러운 포말이 되어 유구한 역사 속으로 쓸려 갑니다.

* 해소

0은 모든 수와 관련하여 계산상 발휘되는 제 역할이 있고, 자릿수의 공백을 메워 주는 부가적인 역할이 있습니다.

ㅇ도 모든 글자의 받침으로서 발음되는 역할이 있으며, 발음의 첫소리가 모음이 되는 것을 방지하기 위한 보완적인 역할이 있습니다.

이 둘은 멀티플레이를 기본으로 구사합니다. 여러모로 쓰인다는 건 다재다능함을 갖추었다는 것을 의미합니다. 하지만, 한 가지 더 생각해 볼 점이 있습니다. O과 ㅇ에 그런 기회가 주어졌다는 것은 단지 유능함 때문일까요? O은 빈자리를 메워 주는 역할을 맡습니다. ㅇ은 모음의 앞자리를 채워 줍니다. O과 ㅇ 둘 다, 앞장서는 걸 즐겨하거나 다른 기호들 앞에 나서고 싶어 하는 성격은 아닌 것으로 파악됩니다. 남 앞에 당당히 나서서 그리고 알차게 제 실속을 챙기려는 야무진 모습 따위는 찾아볼래야 찾아볼 수 없는 그런 친구들입니다. 오히려 그 반대 선상에 서서 멀뚱멀뚱 쳐다보고만 있는 존재감 없는 인상을 우리에게 안겨 줍니다. 자기 PR의 시대를 넘어 자기표현의 시대를 살고 있는 우리들입니다. 동영상 채널을 통해 자신을 알리는 데에 어린 아이들도 나서고 애완동물이 돈벌이 하러 나서는 그런 시대를 여러분과 저는 살아가고 있습니다. 점점 더 옳고 그름을 함부로 판단하기 힘든 세상이 되어 갑니다. 세상 이 미친 듯한 속도감은 아예 따져 보지도 못한 채 말이죠. 우리는 장차 어떤 생각을 품고 그것을 어떤 언어로 담아내며 어떤 채널을 통해 어떤 호소를 해야 할까요? 아니면, 아무것도 하지 말아야 할까요? 설마요. 여러분이나 저나 무엇이든 하긴 하게 될 겁니다. 왜냐고요? O과 ㅇ을 보십시오. 그들의 짐짓 물러서는 존재감은 되레 그

아무렇습니다, 한국어

들을 더욱 여러 곳에 출연케 하는 존재감으로 떠밀려 오게 했으니까요. 이것은 겸손과는 다른 의미입니다. 위선과는 더 더욱 먼 이야기일 테고요.

* 부속

삶을 이어 가기가 너무 힘든 시절이 있었습니다. 오피스텔 건설 붐이 일던 시절이니까 지금으로부터 20년도 더 된 이야기가 되겠네요. 생활비는 하루하루가 급하고 등록금은 속절없이 오르기만 하던 그 시절의 저는 선택의 폭이 넓지 않았습니다. 오히려 긴박한 상황으로 내몰렸기에 마음은 마냥 후련했고 발걸음마저 장단을 맞추듯이 아주 가벼웠습니다. 머리를 텅 비워 버렸습니다. 단순한 목적 하나만을 남겨 뒀죠. '돈을 벌어야 한다. 아주 많이. 아직 젊으니까 밑천은 두둑하다'. 그렇게 스스로를 달랬습니다. '아무도 모를 곳으로 가자. 그런 곳이면 어디든지 가자'.

오피스텔을 짓는 건 힘들기는 해도 보수가 꽤 넉넉했습니다. 휴일도 없이 정한 공정일에 맞춰 일사분란하게 노역이 진행되었습니다. 몸살이 나도 참아야 했고 모욕감이 치밀어도 견뎌야 했습니다. 나를 모르는 곳에 왔으면 알아주기를 바라지 말아야 했습니다. 나를 잃어버릴 곳에 찾아왔으므로.

한곳에서 오랜 시간 일을 하다 보면 자연히 친해지는 사람이 생깁니다. 친해져야만 하는 그런 사람도 생기기도 하고요. 그 둘이 다 겹치는 사람과는 친해지지 않고는 못 배기게됩니다.

"그래, 아버지는 뭐 하시고?"

저는 묵묵부답이었습니다. 없다 대답하면 죽었느냐고 되물을 게 뻔하고 죽은 건 아니다라고 대답하면 안 죽고 어디에서 뭘 하느냐고 캐물을 게 뻔했기 때문입니다.

"…"

"하긴, 자식새끼가 이런 데에서 일하도록 놔둘 아버지가있을 리 없지. 그건 그렇고 밖에서는 뭐 하다 이런 데 왔어"

학교 다니다가 왔다고 하면 무슨 학교냐 물을 것이고 무슨학교다 하면 그런데 왜 이런 데까지 왔느냐고 되묻고 등록금은 얼마냐 그리고 얼마나 모았느냐 하며 물어볼 목소리가 연상되었습니다. 머리를 올리고 제 가슴을 칠 게 뻔했습니다.그래서 또 굳게 입을 다물었습니다. 가슴속에서 둥둥거리는북소리가 제 입을 통해서 새어 나갈까 봐 두려웠습니다.

"…"

"말 안 해도 다 안다. 네 나이에 오죽 급했으면 이런 일 하겠다고 덤볐겠니. 그래도 나를 잘 따라다녀라. 이거 기술 익히면 돈도 꽤 된단다. 너만 열심히 하면 돼. 알겠니?"

저는 눈물이 나오려는 걸 꾹 참았습니다. 터져 나올 말이 많았지만 말 나올 구멍을 죄다 틀어막으니 엉뚱하게도 눈에서 말을 하려고 울렁였습니다.

"..."

고개를 좀 숙였습니다.

"그래그래, 생각 잘했다. 내가 네 아버지보단 나을 게다. 속으로는 날더러 두 집 살림하는 놈이라고 욕할진 모르지만, 그래도 애들과 애엄마한테 양육비는 꼬박꼬박 보낸다. 이거 보통 각오로 할 일은 아니란다. 그만큼 벌이가 짭짤하단다. 그러니, 넌 나만 잘 따라다니면 돼."

"..."

오피스텔이 다 지어지고 나서 아저씨는 다른 팀을 따라갔습니다. 저는 따라가지 못했습니다. 기를 쓴다면 못 따라갈 일도 아니었지만, 따라갈 기력조차 남지 않았습니다. 돈은 덜 되더라도 덜 힘든 벌이를 찾기로 했습니다. 일거리는 제 삶을 결정해 주지 않았고, 계속 할 일은 구하기가 힘들었습니다. 학교는 천천히 다녔습니다. 나를 모르는 사람들이 점점 많아져서 시간이 흐를수록 학교 다니기가 수월해졌습니다. 저는 입을 앙다물었습니다.

깜빡하고 언급하지 못한 내용이 있습니다. 숫자 '0'은 자릿수로 얼마든지 채워 넣을 수 있지만, 문자 'ㅇ'은 겹받침으로 쓰이지 않습니다.

11. 언어의 나무심기

외국어를 익히는 편법은 없습니다. 부모님이 국제결혼을 해서 복수(複數)의 언어를 구사하는 가정환경이 조성되지 않는 한 우리는 고스란히 많은 시간과 노력을 투여해야 합니다. 고생한 보람이 있었느냐의 문제는 논외로 쳐도 외국어 익히기는 언제나 우리를 고단하게 합니다. 더구나 교과 과목으로서 접하는 것이 외국어의 첫인상인 현실을 감안하면, 외국어는 언제 어디서나 우리를 고단하게 합니다.

* 계기

외국어를 자유자재로 구사하는 건 정말 어려운 일입니다. 마땅한 해결책도 없습니다. 각양각색의 학습서와 학원들이 난립하는 그 사실 하나만으로도 딱 이거다 싶은 묘안은 마련되지 못한 겁니다. 적어도 현재까지는 그렇습니다. 만일 마땅한 해결책이 있다면, 지금처럼 수요자들이 시장을 이리저리 헤매고 다닐 일은 없을 테니까요. 그런데, 외국어를 얼마나 해야 수준급으로 잘하는 걸까요? 거기에 딱 맞는 대답은 비록 아니지만, 참고답안 정도의 역할을 할 만한 이야깃거리가 하나 있어서 여기 소개하렵니다. 지금은 너무 유명한 사람의 이야기라서 모두 알고 있을 수도 있겠습니다. 우리가 다 아는 어떤 유명인에 관한 이야기입니다.

지금부터 언급하려는 이 유명인은 요리사도 아니었으며, 그 분야의 전문가와는 더더욱 거리가 먼 사람이었다고 자평합니다. 그러나 요리하는 것에 관심이 많고 진심으로 그걸 즐겼기에 지금에 이르러서는 한국에서 '요리' 혹은 '요식업'이라고 하면 이 유명인을 빼놓고선 도무지 이야기가 안 될 정도의 인물입니다. 중국에도 진출해서 음식점을 차릴 정도로 경영능력도 출중한 인물입니다. 그렇습니다. 그 유명인이란 아는 분은 다 알 만한 그분이 맞습니다.

요리를 먹는 것도 요리를 하는 것도 파는 것도 모두 좋아한다는 그는 중국요리에 대한 관심이 부쩍 늘어 갈 무렵 중국을 무작정 방문했다고 합니다. 거기에서 터득한 중국어란 온통 요리에 관한 것뿐이었죠. 우선, 어떤 식당에든 들어가 모든 메뉴판에 적힌 요리이름을 읽고 쓰고 발음하기를 수차

아무렇습니다, 한국어

레, 요리에 관한 한 모든 중국어를 한 번에 빨아들일 기세였습니다. 더듬거리며 외우던 여행용 중국어보다는 요리에 관한 중국어가 먼저였으며 이와 관련한 중국어로 점차 그 학습영역을 넓혀 갔다고 합니다. 즉, 요리에 관한 중국어로부터 시작해 어떤 요리로 유명한 지명에 관한 중국어 그리고 식재료를 의미하는 중국어를 익히며 자신감이 붙은 그는, 처음 만나는 중국인에게도 말걸기를 전혀 두려워하지 않게 되었다고 하네요. 중국어 할 줄 아는 사람 아무나 붙들고 "무슨 요리를 좋아하는가?"라는 질문을 거침없이 하는 수준에 이르렀다고 합니다. 그러면서 "나는 무슨 요리를 좋아한다."는 말도 망설이지 않고 하는 자신감도 포함해서였죠. 용기백배한 그는 음식사업도 해보고 싶어졌다고 합니다. 그의 입장에서 음식사업에 관한 중국어까지 섭렵하지 않을 까닭이 없었겠죠. 직원들이 모두 중국인이니 지시를 내려야겠죠? 직장생활에 관한 중국어가 그의 실력을 획기적으로 끌어올렸을 것은 불을 보듯 뻔한 이치입니다.

보시다시피 언어는 생활입니다. 생활과 동떨어진 상황의 외국어를 익힌다는 건 아무래도 무리입니다. 유명인의 사례로 우린 외국어를 익힐 최고의 조건을 알게 되었습니다. 조건은 사람마다 다릅니다. 자신이 가장 좋아하고 선호하는 건 그 누구도 대신 해줄 수 없습니다. 스스로에게 가장 필요하고 절실한 분야부터 찾아 외국어를 익혀 가는 것이 좋겠습니다.

* 착상

언어는 생각과 표현으로 기르는 나무입니다. 제일 관심 있는 것 중심으로 '언어의 나무' 한 그루를 심어 길러 봅시다. 뿌리가 뻗고 가지가 갈라지며 잎사귀가 지혜의 빛을 빨아들일 겁니다. 시간이 흐르다 보면 꽃도 피우고 열매도 열리겠죠. 이 나무가 여간해서는 시들거나 쓰러지지 않겠다는 확신이 들 때가 찾아옵니다. 그때는 약간 다른 품종의 '언어의 나무' 한 그루를 구해다가 그 옆에 또 심어 두고 길러 봅니다. 실패할 수도 있습니다. 그럼 그 나무는 뽑아 버리고 다른 나무를 구해 옵니다. '언어의 나무'는 실제 존재하지 않으니 죽을 일이 없습니다. 게다가 뿌리채 뽑혀 있어도 언제든지 도로 심을 수 있습니다. 가꾸기만 잘하면 무럭무럭 자라며 우리에게 더 없는 뿌듯함을 느끼게 해줄 것입니다.

외국어 학습방법에 관해서는 시중에 나와 있는 상품 및 서비스들 가운데 고르기만 하면 됩니다. 정말 중요한 것은 우리 스스로가 얼마나 외국어를 자주 가까이 할 만한 위치에 있느냐겠죠. 아무리 '언어의 나무'를 잘 심어 놓았더라도 몇

아무렇습니다, 한국어

달에 한 번 들여다볼까 말까 할 정도로 멀리 있다면 곤란합니다. 그런 식으로는 아무리 말 못하는 식물이라고 해도 '언어의 나무'가 여러분을 알아보지 못합니다. 여러분도 '언어의 숲' 속에서 자신의 나무를 찾기 힘든 것처럼요. 나무는 언제든 찾아갈 수 있는 가까운 거리에 심어 두는 게 좋습니다. 나무는 보살핌이 있어야 합니다. 스스로 무럭무럭 자라기까지는 매일같이 돌봐 줘야 합니다. 그냥 내버려 둬도 될 정도로 '언어의 나무'가 자라났다면, 그 나무 비슷한 나무를 심어 보거나 아니면 새로 심어 보고 싶은 나무를 골라 그 옆에 심어 봅니다. 정성껏 기릅니다. 매번 성공하리라는 보장은 없습니다만, 정성이 계속되면 실패는 점점 여러분에게서 멀어질 것입니다. 그러다 보면 어느새 언어의 휴양림 한가운데에서 편안히 외국어로 심호흡을 하는 자신을 발견할 수도 있겠습니다. 걱정 마십시오. '언어의 숲'은 실제로 있는 숲이 아니라서 산불이 날 리도 없어서 숲 전체가 한순간에 사라지는 날은 절대로 오지 않습니다. 숲과 너무 멀어지거나 오랫동안 떨어지지 않는 한 그렇습니다. 원어민(native speaker)까지는 아니더라도 언어 자연인(natural speaker) 정도가 되는 건 가능하리라 예상합니다. 외국인 꼬마가 우리보다 훨씬 똑똑해서 외국어를 구사하는 건 아니라는 점을 상기하면, 용기를 잃을 아무런 이유가 없습니다.

그렇다면 도대체 그 '언어의 나무'는 어디에다 심는 것일까요? 최대한 큰 도화지 한 장을 마련합니다. 클수록 좋습니다. 작으면 좋지 않습니다. 스케치북도 그런대로 괜찮습니다. 부담감을 덜기 위해서는 낱장으로 사용하는 게 바람직합니다. 도화지 한 장을 넓은 자리에 펼쳐 두고서 가장 가운데 자리에 본인이 가장 좋아하고 외국어로 알고 싶은 말을 씁니다. 모국어가 아닌 외국어로만 씁니다. 여기에 모국어는 얼씬도 해선 안 됩니다. 모국어가 나타나는 순간 모든 게 끝장입니다. 언어의 나무는 모국어와 만나면 그 자리에서 성장을 멈춰 버립니다. 이 점을 명심하고, 무조건 터득해야 할 외국어로만 도화지에 심는 겁니다. 아주 작은 씨앗 하나에 불과한 단어 하나를 해석도 없이 적어 놓습니다. 적어 놓기는 했지만 그게 무슨 뜻인지 잘 기억나지 않을 수 있습니다. 그러면, 사전을 뒤져 찾아보기만 하고는 다시 기억만으로 그 뜻을 알아내도록 노력합니다. 절대로 모국어로 된 해석이나 설명을 적어 놓으면 안 됩니다. 이제 기억이 난 상태에서 처음에 써놓은 그 말과 가장 관련 있는 말을 선으로 이어서 마찬가지로 외국어로만 적어 넣습니다. 이런 식으로 언어의 나무의 뿌리를 길러 주는 겁니다. 이 책에서는 '언어의 나무' 뿌리를 길러 주는 것으로 설명을 마치겠습니다. 싹을 틔우고 떡잎을 길러 줄기를 세우고 가지를 갈라 잎을 돋워 주는 건 나중에 기회가 있으면 알려 주도록 하겠습니다.

* 해소

고백하자면, 저는 앞에서 언급했던 그 유명인을 별로 좋아하지 않습니다. 그가 만드는 음식에 들어가는 설탕의 양이 너무 많아서 그렇습니다. 저는 그가 음식을 먹는 사람들의 건강을 별로 고려하지 않는다고 판단합니다.

서구권 국가에서는 이 설탕, 특히 정제당을 두고 '악마의 빵'이라고 일컫습니다. 당 분해과정을 거의 거치지 않고 에너지의 소모도 줄인 채 섭취 후 바로 흡수되는 설탕은 인간에게 쓰라린 교훈을 남기곤 합니다. 그건 노력 없이 얻는 성과만큼 해로운 건 다시없다는 그런 내용입니다. 음식을 먹는 과정도 우리 삶의 일부입니다. 먹기에 힘든 음식만 골라 먹는 게 현명한 행동이 아니듯이 먹기에 편한 음식만 골라 먹는 것 또한 결코 좋지 않습니다. 정제된 증류수만 먹으면 우리의 몸은 설사를 일으킵니다. 적절한 오염과 감내할 만한 불순물이 우리를 더욱 건강하게 만든다는 이치를 알았으면 좋겠습니다. 정제당은 우리 몸이 음식물로부터 당분을 분리해 내기도 전에 이미 당분을 미리 분리해 놓은 상품입니다. 당장 몸에는 편할지 모르지만, 당분을 분리하는 데 써야 할 신진대사 과정을 간과하도록 만듭니다. 또한 소화하는 데 쓰여야 할 에너지가 몸에 고스란히 남고 축적되어 우리를 비만의 길로 인도할 것입니다. 이것이 정제당이 우리의 몸에 불러들이는 가장 해로운 요소입니다. 힘든 과정을 생략하면 쉬운 결과는 얻겠죠. 하지만 결과를 얻은 후에는 더 혹독한 대가를 치러야 합니다. 그게 지금까지 성현들이 파악한 삶의 진리입니다.

알아서 누가 다 해주는 것만큼 안 좋은 건 없습니다. 그런 건 영원하지도 않으며 있었다 해도 그런 힘이 언젠가는 고갈되고야 말 텐데, 그 이후의 삶은 무슨 수로 어떻게 보장받습니까? 살아가는 건 원래 힘든 겁니다. 과장을 보태면 힘들려고 사는 게 삶입니다. 열심히 사는 건 그냥 사는 것보다 몇 갑절로 힘든 일입니다.

새로이 언어를 익히는 건 어렵습니다. 외국어는 외국의 사상과 정신세계를 모두 아우릅니다. 말만 달랑 외운다고 될 일이 아닙니다. 외국인이 한국어를 만만하게 여기고 단시간에 쉽게 익히겠다고 큰소리치는 모습을 한번 상상해 보십시오. 이게 가당키나 한 일입니까? 마찬가지입니다. 개인차가 있을 뿐 언어 익히기는 누구에게나 힘든 일입니다. 우리는 모국어를 처음 익힐 때 정말 수십만 번 혹은 그 이상의 시행착오를 거친 뒤 이만큼이나 구사할 수 있었습니다. 그 시기가 너무 어릴 적이라 잘 기억나지 않는 것뿐입니다. 제 말이 믿기지 않는다면, 이제 막 말을 익히는 어린아이를 하루 종일 쫓아다녀 보면 알게 될 겁니다. 아이가 모국어를 익히려 얼마나 애쓰는지를 말입니다. 곁에서 도와주는 건 한계가 있습니다. 자발적으로 해야 온전히 자기 것으로 만들 수 있습니다. 누가 억지로 쑤셔 넣은 건 귀찮아서 얼결에 쏙 잡아 빼내 버리고 맙니다.

* 부속

저는 한때, 나는 발음도 떨어뜨리는 위세를 뽐낸 적이 있습니다. 지금은 조기교육이다 뭐다 해서 초등학교에 입학하기도 전에 영어를 익혀 가는 사회 분위기이지만, 저는 중학교에 들어가고 나서야 알파벳을 익혔습니다. 그게 남들보다 늦거나 뒤졌다고 느낀 적은 없었습니다. 저 지독하고 어려운 걸 하루라도 늦게 알게 된 것이 퍽 다행스럽다고 여겼기 때문입니다. 늦바람이 무섭다고들 하죠? 저는 난생 처음으로 접하는 외국어, 영어에 대한 관심이 상당했습니다. 영어 교과서를 품에 안고 잠들면, 당장에라도 미국으로 날아갈 듯한 기분이었습니다. 그런 행복한 기분은 슬프게도 오래가지 못했습니다. 제게 예상치 못한 시련이 닥쳤기 때문이죠. 그놈의 발음 때문에 저의 영어인생이 단숨에 요절할 줄은 그때에는 미처 몰랐습니다.

영어수업을 시작한 지 며칠 못 가본 어느 날이었습니다. 한 명씩 일어서서 영어 교과서에 있는 대화 내용을 읽는 시간이었습니다. 콩나물시루처럼 학생들이 빽빽한 교실에서 한 번 일어서서 문장을 읽는 기회를 얻는다는 건 참으로 가슴 설레는 일이었습니다. 저는 눈이 빠져라 하고 발음기호를 몇 번씩 확인했습니다. 정체 모를 불안감이 저를 감쌌습니다. Dr./doctor[dáktər], 혼자서 우려했던 것보다 더 조심했어야 했습니다. 제가 발음해야 할 문장은 이랬습니다.

"Hi, Dr. Kim."

심호흡을 한 번 크게 하고 보란 듯이 발음했습니다.

"하이, 닥터~얼 킴."

교실은 아주 잠깐 동안 찬물을 끼얹은 듯이 고요했습니다. 저는 저의 고급스러운 발음에 모두 감동받았나 하는 착각에 빠져들었습니다. 그 시간이 시련을 예고하는 것임을 저는 왜 몰랐을까요. 너무 억울합니다. 분명히 r이 있으니 발음을 생략하면 반칙입니다. 그렇게 생각하는 건 저 혼자뿐이었지만 요.

"뭐라고? 닥털? 닭털을 말하는 거야? 푸하하, 닭털이래! 닭털."

아이들의 웃음보가 터지고, 영어선생님은 수업시간을 포기해야만 했습니다. 아무리 다음 단원으로 넘어가려고 해도 '닥털'의 여파는 전혀 가실 기미가 보이지 않았습니다. 저는 세상에서 가장 원망스러운 단어가 이렇게도 간단히 만들어질 줄 몰랐습니다. 열 하고도 네 살짜리에게 씌워진 굴레는 일단 한번 씌워지면 다시는 거둬지지 않는 것이었습니다. 중학교 3년 내내 저는 '닥털'의 저주에 걸려 옴짝달싹하지도 못했습니다. 아이들은 그날의 사건 이후, 영어시간마다 교과서에 'Dr.', 이 단어가 등장할 때마다 제 쪽을 쳐다보며 키득거렸습니다. 꼭 저를 일으켜 세워 그 단어를 발음하도록 부추겼습니다. 제가 '닥터-'라고 고쳐서 발음하노라면, 교실 이곳저곳에서 실망과 탄식의 한숨 소리가 터져 나왔습니다. 저는 마치 '닥털'을 발음하기 위해 태어난 사람처럼 중학교 3년을 살았습니다. 저의 중학교 3년은 그렇게 닭털처럼 훵하니 어디론가 날아갔습니다. 제 발음에 관한 소문은 널리 퍼져 저를 모르는 다른 반 아이들까지 모두 알게 되었습니다.

제가 중학교를 졸업하는 날까지 이 굴욕은 계속되었죠.

세상에 영원한 건 없다더니 과연 그랬습니다. 다행스럽게도, 고등학교에서까지 제 영어 발음에 관한 소문이 이어지지는 않았습니다. 지금에 와서 이 얘기를 아무렇지 않게 할수 있는 건, 제가 정신적으로 완치되었기 때문입니다. 병원엔 가지 않았습니다. 거기에는 진짜 '닥털'이 있기 때문에 증상이 더 악화됩니다. 절친한 친구들과 학원 단과반에 다니는게 저의 고등학교 시절 중요한 취미였습니다. 저는 사설학원 강사들의 자유로운 발언과 개성 있는 모습을 무척 즐겼습니다. 그러던 중, 어느 생물 강사의 수업을 참관할 기회가 있었습니다. 그런데, 그 강사가 묻지도 않은 자신의 과거 이야기를 꺼냈습니다. 자신은 영어시간마다 반 친구들에게 놀림감이 되었다는 내용이었습니다. 그래도 자신의 신념을 관철시켜 왔다고 했습니다. know를 모조리 '크노우'라고 발음했다고 합니다. 그에게 있어 daughter는 '다우터'여야 했고, climb은 '클라임브'여야만 했습니다. 왜 알파벳을 써놓고 발음을 묵음으로 낭비하느냐는 항변까지 섞어 가면서 수강생들에게 강력히 주장했습니다. 수강생들은 웃느라 정신없었지만 저는 웃을 수 없었습니다. 대신 '왜 저런 놀림감이 되기에 딱 좋은 이야기를 해대는 걸까?' 하는 의문만이 제 속에서 맴돌

아무렇습니다, 한국어

앗습니다. 수강생들이 다 웃고 나서 강사는 이야기를 덧붙였습니다.

"혹시 남에게 놀림받더라도 너무 걱정 말라는 뜻에서 하는 말입니다. 제가 왜 이런 이야기를 할 수 있을까요? 전 이제 그게 아무렇지도 않을 나이가 되었기 때문입니다. 여러분도 자신의 내밀한 비밀 이야기를 꺼낼 만한 나이가 반드시 올 테니 너무 걱정하지 말아요. 정말로 웃어넘길 날이 옵니다. 반드시 꼭 와요."

그땐 그냥 해보는 말이려니 했는데, 이제는 제가 여러분을 앞에 두고서 제 '닥털' 시절을 소개하고 있네요. 여러분은 제게 묻지도 않았는데 말이죠. 저도 놀림받기를 웃어넘길 나이가 된 걸까요? 저는 좀 달리 생각합니다. 제가 놀림받는 것에 더 이상 두려워하지 않는 이유는 저의 성숙만으로는 부족합니다. 다른 한 가지 조건마저 충족되었기 때문입니다. 저에게는 저를 놀리지 않을 만큼 세상이 성숙해지고 점잖아졌다는 것, 그 한 가지가 더 필요했습니다. 저는 누구를 위로하고 안심시킬 만큼 안정된 인격체가 아닙니다. 오히려 불안에 떠는 축에 속합니다. 그런 제가 왜 이런 이야기들 여러분에게 들려주고 있을까요? 순전히 점검차원에서 이루어지는 행위입니다. 여러분은 남을 함부로 놀리며 괴롭히는 그런 사람들이 아니길 바라는 마음에서 이러는 겁니다. 여러분이 꼭 그런 사람들이 아니어도 괜찮습니다. 저는 제 얘기를 털어놓고 나니 한결 마음이 가볍습니다. 더 많은 이야기를 끄집어낼 용기도 솟아납니다. 혹시 있을지도 모를 후폭풍은 잠시 잊은 채로 있겠습니다.

참, 그리고 저는 외국어에 능통하지 못하답니다. 저는 한국어에 훨씬 더 관심이 많으니까요. 현재 저의 관심사항에서 외국어는 너무나 멀리 떨어져 있습니다. 외국어가 절실해지면 저도 '언어의 나무'를 한 그루 구해다 심어야겠습니다.

12. 한국 퓨전어(fusion語)

기술 융복합의 시대를 맞이하여, 많은 외국어들이 한국으로 밀려 들어오고 더러는 한국화한 발음으로 변모한 뒤 다시 외국으로 밀려 나가고 하는 추세입니다. 외국인들이 재미로 한국화한 발음을 즐기는 건지 불확실하지만 한국인들이 재미로 외국어를 받아들이는 점은 걱정됩니다. 새로 융복합되어 만든 언어들인 경우 그 분석이 전혀 세심해 보이지 않습니다. 이번 묶음의 저 제목처럼 엉성하고 어설프기 짝이 없어요.

* 계기

요즘은 한국어와 외국어의 혼용이 자유롭습니다. 자유를 넘어 방종한 모습까지도 보여줍니다. 순 한국어로 된 말조차도 듣거나 보는 사람의 얼굴을 붉히게끔 하죠. 예를 하나 들어 볼까요. 정부의 부동산 정책에 대한 사람들의 변칙성 대처에 대해 대부분의 언론사들이 이런 표현을 기사의 제목으로 붙였습니다. '아파트 줍줍'이라고. 아파트(apartment)는 직수입한 외국어이니 논외로 치겠습니다. 그런데, 줍줍이라뇨? 사람들의 거주공간에 관한 탈법적 행태에 대해 비판의 날을 세워도 모자라는 판에 한국어 파괴에 나서는 모습이 가히 가관입니다. 중요한 거주공간인 아파트를 마치 자그마한 물건을 땅에서 집어 드는 식으로 표현해 놓은 그 저의가 무엇인지 참 궁금합니다. 반드시 그런 표현을 써야만 했었는지 그들은 한 번도 고민해 보지 않은 걸까요? 정녕, 그 말이 가장 적합하다고 결론 내린 걸까요? 의문입니다.

저 '줍줍'이라는 말은 아무래도 '줍다'라는 동사 중에서 어간만을 취한 '줍'을 연거푸 반복한 형태로 보입니다. 그렇다면, 동사 중 어간을 잘라 내어 반복형태로 이어 붙인 뒤 마치 의태어처럼 사용하겠다는 의도로 파악됩니다. 한국어에는 의태어(擬態語)와 의성어(擬聲語)가 있죠. '깡충깡충'이나 '사각사각'처럼 말이 반복되는 경우가 많은데 동사 혹은 형용사의 어간을 잘라 내어 이어 붙여서 의태어를 만드는 이와 같은 경우는 처음 봤습니다. 이걸 두고 한국어의 파괴라고 해야 할까요, 아니면 한국어의 재창조라고 해야 할까요? 그것도 아니면, 파괴적 창조 또는 창조적 파괴? 어떤 미사여구를 갖다 붙

아무렇습니다, 한국어

여도 이런 표현을 쓴다는 건 불쾌합니다. 이런 걸 두고 비속어로 '괴랄하다'고 하던가요. 평소라면 전혀 쓰고 싶지 않는 표현이지만 이 경우에는 이것이 가장 적절해 보이는군요.

저는 맞춤법이나 띄어쓰기를 되도록 맞게 사용하려고 애쓰는 축에 속합니다. 어쩔 수 없이 비속어를 사용하게 될 상황이면, 불가피한 상황인지부터 먼저 따져 봅니다. 그리고 적어도 제가 사용하는 비속어의 어원(?)에 대해서 명확하게 파악한 후에 사용합니다. 상대방이 제가 구사한 말의 속뜻을 알려 달라는 요청에 언제든지 화답하기 위해서입니다.

한동안 블랙리스트 운운하며 사회 분위기가 뒤숭숭하던 시절, 혐오스러운 한 국회의원을 두고 커뮤니티 사이트에서 격한 토론이 벌어졌던 적이 있습니다. 더 정확하게는 국회의원 자녀의 불법행태에 대한 비난여론으로 들끓었던 사건이었죠. 국회의원 어머니를 둔 그에 대한 처벌이 제대로 이뤄지지 않는 것에 사람들의 분노가 폭발했고 대다수가 분노로 인해 신경이 날카로워진 상태였습니다. 저 또한 그랬습니다.

그런데, 제가 쓰는 말투가 맘에 들지 않는다며 회원 한명이 제게 불만을 드러냈습니다. 거기까지는 뭐 그러는가 보다 정도로 여기고 웃어넘기려 했습니다. 그런데, 바른 표현을 쓰는 게 바람직하다는 저의 의견에 정면으로 충돌해 오는 건 도저히 참을 수 없었습니다. 그 회원의 주장에 의하면, 신조어들이나 비속어도 한글로 표현된 것이니 모두 한국어로서 정식 수용되어야 한다는 것입니다. 어이가 없었습니다. 제가 그것은 무리이니, 인정해서는 안 된다고 했더니 절 오히려 융통성도 없다는 식으로 몰아가더군요. 편협한 인간이 되는 건 순식간이라는 걸 그때 깨달았습니다. 저는 포용성 있는 인간은 아니었기에, 처음부터 했던 주장을 그대로 밀고 나갔죠. 한국어의 정식 범주에 대한 격론으로 인해 저를 괴롭혔던 국회의원의 자녀 문제는 안중에도 없게 되었죠. 그 점에 대해서는 그 회원에게 깊이 감사합니다. 마치 두통약을 처방받은 기분이었으니까요. 대신 그 회원은 다른 종류의 통증을 저에게 심어 줬습니다. 저에 대한 그의 공격은 그칠 줄 모르고 계속되었습니다. 한글을 보다 확장시키고 다양하게 활용해야 한다는 그 회원의 주장은 물러설 줄을 몰랐습니다. 그의 주장에 의하면, 한국어의 발전할 범위를 제한하고 축소시키는 저의 좁아터진 식견은 비난받아 마땅한 태도였습니다. 저는 그럴 만한 능력도 지위도 의지도 없는 별 볼 일 없는 사람인데도 말이죠. 별 볼 일 없는 사람이라는 사실은 그 회원에게 알려 주지 않았습니다. 그 회원으로부터 다른 방식의 공격을 받고 싶지는 않았으니까요. 코너에 몰릴 대로 몰

아무렇습니다, 한국어

린 저는 상대를 향해 카운터펀치를 한 방 날렸습니다. '그렇게 한국어에 대해 너그러운 시각을 고수하겠다면, 장차 태어나고 자라날 자녀들에게도 비속어와 정체불명의 표현들부터 가르치세요. 당신 뜻대로라면, 그것들도 모국어의 반열에 들어가야죠.'라고 일갈했습니다. 신기하게도 그 회원의 댓글이 거짓말처럼 그쳤습니다. 주먹질처럼 사이좋게 주고받던 댓글 그리고 또 댓글은 거기에서 멈춰 버렸습니다. 그리고 몇 분 후에 저는 비공감 표시를 하나 받았습니다.

한국어, 우리만 쓰고 내다 버릴 거라면 뜻도 모르고 써도 됩니다. 아무거나 막 갖고 와서 함부로 만들어서 쓸 만큼 쓰다 아무 데나 갖다 버려도 됩니다. 안 그렇습니까? 이제 우리는 한국어에 대한 진지한 고민이 결코 우습게 여겨져서는 안 될 이유를 생각해야 할 때입니다.

aura[ˈɔːrə]라는 외국어가 있죠. 본토 발음은 '오러'가 맞습니다. 발음기호에 그렇게 적혀 있습니다. 아주 명백합니다. 하지만, '분위기 또는 풍모' 따위를 가리키는 이 말은 숫제 한국어처럼 행세하고 다닙니다. '아우라'라고 틀린 발음으로 불려지면서, 그 명성이 전보다 더 드높아졌습니다. 이번에 저는 어느 쪽에 붙었을까요? '오러' 쪽일까요, '아우라' 쪽일까요? 퀴즈는 아니지만 한번 맞춰 보십시오. '닥털'을 고수

했던 슬픈(?) 과거가 있는 저는 여전히 신념을 지키고 있을까요? 아니면, 발음기호 성애자이길 포기했을까요? 현재의 저는 '아우라'쪽입니다.

저의 변덕을 알아맞춰 쾌재를 부르는 분도 있을 테고, 틀려서 아쉬워하는 분도 있으리라 봅니다. 퀴즈가 아니기에 맞춘 분에게 주어지는 선물은 없습니다. 너무 아쉬워할 필요 없습니다. 틀린 분에게 벌칙 내리려다가 마음 고쳐먹었으니까요. 상도 벌도 없으니 그만하길 다행인 겁니다. 제가 왜 '아우라'쪽에 붙었을까요? 저는 변절한 것이 아닙니다. 제 신념을 배신한 적도 없고요. 앞으로도 내내 그럴 생각입니다. '오러'는 외국어가 분명합니다. 하지만, '아우라'는 외국어가 불분명합니다. 바로 그 이유 때문입니다. 더 자세히 말하자면, '아우라'는 '오러'가 한국어화하는 과정 중입니다. 이 의견에 동의하지 않는 분도 있을 줄 압니다. 하지만, 저의 견해는 당분간 지속될 것입니다.

'아우라'라는 이 말은 알에서 깨어 애벌레를 지나 나비가 되기 직전인 번데기(θ)의 상태입니다. 완전히 한국어가 되어 보호받지도 못하며, 제대로 외국어로도 대접받지도 못합니다. 낯설기에는 너무 친숙한 상태인 거죠. 마치 이름, 나이도 모르면서 매일 보게 되는 편의점 아르바이트생의 얼굴 같다

아무렇습니다, 한국어

고나 할까요. 언어란, 무엇보다도 사용자들이 즉각 알아보도록 하는 게 중요합니다. 제가 어느 날 편의점 아르바이트생의 이름을 알아냈다고 칩시다. 그 이름을 편의점 이용자들에게 알려 주는 게 무슨 소용 있겠습니까? 차라리 ○○지하철 사거리에 있는 편의점 아르바이트생이라고 하는 편이 편의점 이용자들에게 더 생각하기에 좋죠. 편의점 이용자들은 "그 친구, 알아!"라고 입을 모아서 말합니다. 그들이 말하는 '안다'는 것은 무얼 의미할까요.

저는 그들이 알고 있는 것을 말해야 한다고 생각합니다. 제가 '닥털'을 선택했던 건, 제 발음을 듣는 모두가 그걸 외국어로 알아들었으면 하는 바람에서였을 뿐, 다른 의도는 전혀 없었습니다. 불행하게도 제 발음을 들은 친구들은 한국에서 먹히는 '닥터-'를 제게 기대했던 거구요. '닥털'을 발음했던 저와 '닥터-'를 기대했던 저 이외의 사람들로 갈라진 균열 지점은 바로 그곳이었습니다. 더 애석한 건, 제 발음을 함께 들었던 영어선생님도 수업시간 내내 웅크린 채 새빨개진 얼굴로 저를 제대로 쳐다보지 못했다는 사실입니다. 저의 서글픈 과거에 추가된 한 장면입니다. 명색이 영어선생님이었는데 말이죠. 영어선생님이 만일 외국인이었으면 결과가 조금 달라졌을 거란 상상을 어쩌다가 하긴 합니다.

* 착상

30대 이전 세대가 혜택받은 세대라고 누가 그러더군요. 무슨 말인가 하고 귀를 기울였더니, 아날로그와 디지털을 모두 경험하는 세대라는 뜻이었습니다. 인류 문명이 단 두 부분으로 갈릴 만큼 단순하지도 않은데 그 점을 짐짓 뿌듯해할 이유는 또 뭔가 싶었습니다. 듣는 사람으로 하여금 '뭐 그랬던가?' 하며 머쓱하게 만드는 그런 말 대신 저는 이렇게 말하렵니다.

30대 이전 세대는 한국어로 따지면, '읍니다'와 '습니다'를 모두 경험하는 세대라고 말이죠. 이건 자랑스럽게 내세울 만한 사실도 아니거니와 그게 뭐 어떤 의미를 갖는다고도 할 수 없습니다. 그저 서술적 표현이 분류되는 두 지점을 모두 알고 있다는 그 정도가 적당한 해석입니다. 세부적으로 들어가면, 신문의 세로쓰기와 한자혼용을 기억하고 있으며, 신문과 함께 배달되어 온 병우유의 맛을 잊지 못하는 세대라고 해야 할까요. 병우유의 뚜껑에 담긴 오묘한 구성에 대해서도 제각기 할 말이 있다고 봐야 합니다.

병우유의 뚜껑에 대해서는 나중에 말할 기회가 얼마든지 있습니다. 그러므로 각자 추억 이야기를 함부로 엎지르지 않기를 바랍니다. 세대 간의 어우러져야 할 대화의 마당을 병

아무렇습니다, 한국어

우유에 담긴 사연 따위로 흥건하게 적시는 일은 없어야 할 줄로 압니다. 저부터 주의하겠습니다.

　말을 꺼냈으니 '읍니다'의 시대를 경험한 세대로서 저는 한마디 정돈할 자격이 있습니다. 또한, 전문적으로 이에 대해서 배우거나 익힌 바도 없으니 순전 합리적으로 추론에 의해서만 말해 보도록 하겠습니다. 증거는 당연히 확보하지 못했습니다. 그게 있었다면, '합리적'으로 '추론'할 필요도 없을 겁니다. 여러분 앞에 증거만 떡하니 내밀어 놓고 그게 '정답'이니 그런 줄 알라고 큰소리나 뻥뻥 쳤겠죠. 저는 그런 짓은 절대로 하지 않으렵니다. 주입식 교육 성향의 비속어가 알맞은 게 딱 하나 있습니다. '답정너'라고. '답은 정해져 있고 너는 대답만 하면 돼'라나요? 상대의 동의나 이해 혹은 설득과정을 구하지 않고, 감히 무례하고 어리석은 행태를 부리는 말이 아닐 수 없습니다. 무릇 이 말은 주입식 교육을 풍자하는 표현 정도로 이해하는 것이 적절합니다. 저 또한 그런 의미로 여러분 앞에 그 무지몽매한 표현을 겁도 없이 각성시켜 줄 목적으로 꺼내든 것입니다. 참고로, 저는 여러분의 동의가 필요하고 이해가 절실하며 설득하는 과정에 황홀해한답니다. 증거가 없는 편이 제게는 훨씬 자유롭습니다. 마치, 상상력을 마음껏 펼칠 공간이 확보된 것처럼요.

ㄱ. 하다

ㄴ. 하였다(했다)

기본 동사와 관련하여 '읍'의 작용과정을 살펴봅니다. 여기에서 '읍'의 용도에 가장 합목적적인 건, 한자어 읍(揖)입니다. '~읍니다'라는 표현은 이 '읍'자를 어간과 어미중간에 끼워넣어 대화 상대방인 청자를 높이려고 한 것으로 보입니다.

읍(揖) 또는 읍(揖)하다

이 한자어는 '인사하는 예의 한 가지. 두 손을 맞잡아 얼굴 앞으로 들고 허리를 공손히 구부렸다가 펴면서 두 손을 내림.'이라고 알려져 있습니다. 마치 중국 사람들이 처음 소개받거나 만나는 사람에게 예를 표하는 모습과 일치합니다. 무협영화나 삼국지연의를 극화한 드라마 등을 보면 이 모습을 흔히 볼 수 있습니다. 이 모습을 글로 표현한 것이라고 보면 되겠습니다.

ㄱ. 읍하다

ㄴ. 읍하였다(했다)

아무렇습니다, 한국어

위와 같은 경우는 '읍'이라는 행위를 꾸며 주는 말, 용언을 대신해서 '읍'에 해당하는 행위를 하였다고 보는 것으로 이해됩니다. 이제, 순서를 바꿔 주겠습니다. '하다'의 중간에 '읍'을 넣어 청자에 대한 높임말의 형태로 변경하는 것입니다.

ㄱ. 하(어간)+읍(존대)+ㄴ+이다(종결어미) ⇒ 합니다

ㄴ. 하(어간)+이어(계속의 의미를 지닌 부사활용)+었(과거시간을 나타내는 선어말어미)+읍(존대)+ㄴ+이다(종결어미) ⇒ 하였읍니다

위 두 개의 변천과정을 자세히 진행시켜 보겠습니다.

ㄱ. 하+읍+ㄴ+이다 ⇒ 하+(으+ㅂ)+ㄴ+이다 ⇒ 하+(ㅂ)+ㄴ+이다 ⇒ 합+니다 ⇒ 합니다

ㄴ. 하+이어+었+읍+ㄴ+이다 ⇒ 하+(이어)+었+읍+ㄴ+이다 ⇒ 하+(여)+었+읍+ㄴ+이다 ⇒ 하+였+읍+니다 ⇒ 하였읍니다

중간과정 진행 중 몇 번의 변환이 이루어졌음을 알 수 있습니다. 이론의 소지가 다분하게도 '이어(=여)'라는 부사를 선어말어미에 선행시킨 점, 그리고 'ㅂ'을 받침소리, 종성으로 사용함으로써 존대의 의미는 최소한으로 확보한 것으로

간주한 점 등입니다. 오해받을 일은 하나 더 있습니다. 아래에서 자세히 해명하겠습니다.

ㄱ. 웁+이다
ㄴ. 웁+ㄴ+이다

앞의 것처럼 '웁이다'라고 하면 명사 '웁'에 대해서 설명하거나 지시하는 의미로 이해됩니다. 따라서 'ㄴ+이다'로 변형시켜야 발음이 구별되어 불필요한 오해를 막을 수 있습니다. 여기에서의 'ㄴ'은 시간상 현재를 의미하는 종결어미 'ㄴ다'와는 그 쓰임이 구별되어야 합니다. 이렇게 다른 뜻을 지닌 발음의 충돌을 교묘하게 피하면서도 평서문의 종결어미와도 구분되도록 형태를 미세 조정할 필요가 있었습니다. 그리고 최종적인 결과물로써 나온 것이 바로 이 '웁니다'입니다. 그러면, '입니다'는 또 어떻게 된 걸까요?

이+웁+ㄴ+이다 ⇒ 이+(으+ㅂ)+ㄴ+이다 ⇒ 이+(ㅂ)+ㄴ+이다 ⇒ 입+니다 ⇒ 입니다

'입니다'는 서술격 조사 '이다'를 존대하기 위한 웁니다의

변형된 형태 정도로 이해합니다. 이와 같이 뭐라고 제가 실컷 떠들기는 했지만, 이런 게 다 무슨 소용 있겠습니까. '습니다'의 시대가 도래한 지도 어언 수십 년입니다. 저의 노력은 다 헛된 망상일 뿐입니다. '읍니다'는 벌써 과거의 유물이 된 지 오래고, 이제는 바야흐로 '습니다'의 시대인 걸요. 언어는 사회의 질서이자 약속이니까 그러려니 하고 쓰곤 있지만, 저는 '습니다'가 출현한 이래 그러니까, '읍니다'가 강제로 퇴출당한 이래로 늘 이 '습니다'를 곱지 않은 시선으로 지켜봤습니다.

지금까지 저는 '읍니다'를 아는 세대의 마지막 소명을 행한다는 마음으로 비통함을 추슬러 몇 자 적었습니다. 저도 할 만큼 했습니다. 더는 힘들어서 못 하겠습니다. 여기까지입니다. 이젠, '읍니다'를 역사 속으로 고이 보내 줘야 할 때가 온 것 같습니다. 융복합의 시대에 '읍니다'는 시대의 용광로 속에 녹아들었습니다. 융복합이 원래 그런 겁니다. 원래의 모습, 형체는 말끔히 사라진 채 처음 모습이 어떤 것이었는지도 모를 그런 상태로 합쳐져서 한데 녹아서 합쳐지고 색다른 형상으로 식고 굳어지는 걸. 어쩌겠습니까? 언어가 역사의 들끓음 속에 용해되는 과정을 그저 쓸쓸히 지켜보는 수밖에요.

이 정도면 '읍니다'에 대한 애도를 충분히 했다고 봐야겠
죠? '읍니다'도 서운한 마음이 조금은 풀어졌으리라고 기대
합니다. 갈 때가 된 표현양식은 가야 합니다. 지금부터는 '습
니다'에 대한 변호의 시간을 잠시 갖겠습니다. 저는 처음에
는 '습니다'를 새로 바뀐 표준어로서 받아들이기가 좀처럼
쉽지 않았습니다. 어떤 이유나 설명도 없이 무작정 계엄 선
포하듯이 '습니다'의 표준어화가 이뤄졌거든요. 그냥 오늘부
터 이렇게 쓰기로 하는 거다라는 식으로요. 이게 무슨 경우
도 아닌 경우인가 싶었습니다. 그러나 대세의 거대한 흐름을
거스를 수는 없었습니다. 따라야 했죠. 늘 그래왔던 것처럼
요. 따르기는 따르되 그럴 만한 근거 정도는 알려 줬어야 하
는 것 아니냐는 원망은 늘 가슴속에 품었습니다. 그 정도는
알아 두어야 속이 편한데, 지금까지 그런 설명, 못 들었습니
다. 앞으로도 아마 그럴 거라 예상합니다. 그래서 저 혼자 묵
묵히 스스로를 납득시킬 만한 거리를 찾아 헤맸습니다. 이건
'읍니다'의 그 해괴한 분석보다도 더 이상하겠지만, 제가 억
지스레 짜맞춘 분석이다 보니 어쩌겠습니까.

ㄱ. 합니다[함니다]
ㄴ. 했읍니다[핻씀니다 / 핻음니다]

발음하는 문제와 관련하여 앞의 것에 대해서는 이견의 여지가 없습니다. 그러나 뒤의 것이 문제를 야기합니다. 무슨 문제인지는 국립국어원에서 제시하는 '표준어 규정'에서 그 힌트를 얻을 수 있습니다. "표준어 규정 제2부 표준 발음법 제4장 받침의 발음 제8항 받침소리로는 'ㄱ, ㄴ, ㄷ, ㄹ, ㅁ, ㅂ, ㅇ'의 7개 자음만 발음한다." 이렇게 인용하고 나니 무슨 법조문이라도 옮겨 놓은 듯 웅장해 보입니다. 뭔가 막 열심히 지켜야 할 것만 같죠. 받침소리는 7개뿐이며 쌍자음으로 된 것도 이 원칙의 지배를 받는다는 게 문제의 발단이었습니다. 즉, 뒤의 것을 보면 두 번째 발음기호인 [핻읍니다]가 오히려 표준어 발음원칙에 더 적합합니다. 그런데, 실생활에서는 그렇게 발음하는 사람이 없죠. 받침이 'ㄷ'이고 바로 다음에 오는 음절이 '읍'이라서 [해듭니다]로 발음이 되어야 하는데, 그렇지가 않죠. 발음이 좀 바보 같네요. 원칙만 충실히 따랐을 뿐인데 발화자가 순식간에 바보처럼 되었습니다. 그렇다고 발음원칙을 대대적으로 수정했다간 일이 더 커질 뿐이었겠죠. 원칙대로 발음해서 선의의 피해자가 되는 상황을 막아 보려는 움직임 또한 '했습니다'의 명분에 힘을 실어 줬다고 봅니다. 이렇게 표현을 못박아 두고 표준어로서 지위를 보장해 주면, [해듭니다]라는 바보 같은 발음을 주장할 원칙주의자가 생겨날 여지를 원천 차단할 수 있습니다. '했습니다'의 존재감 덕분에 부가적으로 표기된 글자와 발음하는 음성의 일치성을 더 공고히 할 수 있었을 테고요. 이래저래 'ㅇ'의 무기력한 자리 채움이 이런 상황도 연출했습니다. 모르긴 해도 ㅇ이 본래 의도한 바와 무관한 일이었겠죠.

때론 '했습니다'의 영향력이 의도치 않은 부작용도 발생시킵니다. '습니다'의 여파는 그 확고부동함과는 달리 이상한 쪽으로도 흘러가기도 했습니다. 강박적인 발음 성애자들이 간혹 우리를 혼란케 하죠. '두려워 겁시 나'라는 이상한 노랫말도 저는 들어 본 기억이 있습니다. 저 'ㅅ'은 도대체 무슨 근거로 나온 건가요? 이런 잘못된 표현들은 정말 두려워 겁이 납니다.

ㄱ. 않읍니다[아늡니다]
ㄴ. 않습니다[안씁니다]
ㄷ. 괜찮읍니다[괜차늡니다]
ㄹ. 괜찮습니다[괜찬씁니다]

위에서 보듯이 과거 표준어 '않읍니다'는 발음상 '(편하게) 안씁니다' '(그렇게는) 안 씁니다'와 명확히 구분된다는 장점은 뚜렷하지만, 그냥 예외적으로 두기에는 '습니다'의 일관성을 해치는 것 같습니다. 보통 무엇을 '했습니다'라는 표현 사용률이 거의 압도적이어서 '않읍니다'나 '괜찮읍니다'를 예외적으로 두는 것보다는 '습니다'의 대열에 포함시키는 것이 현실적으로 더 합당했을 것입니다. 발음하는 데 일관성을 갖추는 것이 혼돈을 예방하는 데는 더없이 좋으니까요.

* 해소

한글은 쉬워 보일지 몰라도, 한국어는 어렵습니다. 저의 이러한 주장은 몇 번이고 강조해도 여전히 모자랍니다. 한국어 사용자들 모두가 흡족한 날은 결코 찾아오지 않을 겁니다. 그래서도 곤란하고요. 한국어에는 드러나지 않은 난해함이 숨어 있습니다. 한국어는 성별구분에 관한 아무런 정보가 없다고 합니다. 표면적으로는 그 말에 동의합니다. 어디까지나 표면적으로는요. 한국어에는 남성, 여성, 중성형 명사나 관사 또는 정관사 같은 것이 없으니까요. 언어나 표현 외의 수단으로 서구쪽이나 일본에서처럼 여성이 남성의 성을 따라가는 전통도 없습니다. 일본어는 여성적 표현이라는 것도 존재하긴 합니다. 그런데, 한국어에도 그런 게 있을까요? 대충 봐서는 성별을 구분하는 표현은 없는 것 같습니다. 그런

데, 다음의 예를 한번 보시죠.

ㄱ. 남성(男性)스럽다
ㄴ. 여자(女子)답다

무척 어색합니다. 몇 번 곱씹어 봐도 이상합니다. 그런데, 이상할 게 없어야 마땅합니다. 그런데도 잘못된 느낌을 지울 수가 없습니다.

ㄱ. 남자(男子)답다
ㄴ. 여성(女性)스럽다

이제 제대로 된 것 같습니까? 그런데, 이게 다 자(子)자와 성(性)자의 영향 때문일까요?

ㄱ. 남자답다 / 남성스럽다
ㄴ. 여자답다 / 여성스럽다
ㄷ. 생물답다 / 생물스럽다
ㄹ. 무생물답다 / 무생물스럽다

나열하고 보니 꼭 그렇지도 않은 것 같습니다. '다움'과 '스러움'은 성역할이 부여된 바 없음에도 이런 독특한 성역할을 하고 있습니다. 몇 가지 구호만으로 남녀평등의 성취여부를 단언하는 건 정교한 사고방식을 해칠 우려가 있습니다. 성별 구분은 이처럼 공식적이지 않으면서도 실질적으로 여러분과 저의 관념 속에서 착실하게 작동하기도 합니다. ㄷ과 ㄹ에서 보듯이 생물, 무생물이라는 더 넓은 범위에서는 '다움'과 '스러움'은 전혀 작동하지도 않습니다. 직종이나 사회적인 지위 그리고 감정적인 역할에 이르기까지 은근한 성별 구분법이 한국어적으로 작용한다는 것을 여러분은 지금껏 눈치챘습니까?

ㄱ. 여군답다
ㄴ. 대통령답다
ㄷ. 사랑스럽다

정말 필요한 건, 무엇을 남겨 놓고 무엇을 뜯어고칠 것인가 하는 점인데, 이걸 골라낸다는 것부터 참 어렵습니다. 효과도 장담하기 힘듭니다. 효율성보다는 당위성을 갖고 할 일이라는 생각이 듭니다. 당위성에 대한 사회적 합의는 어느 정도나 진척되었는지 모르겠네요.

이보다 더 구태의연하고 케케묵은 표현이 없겠지만, 한번 말해보겠습니다. '언어는 사회를 비추는 거울이다'. 이 말은 요즘 들어 부쩍 피부에 와 닿습니다. 거기에서 그치지 않고 폐부를 뚫고 심장을 죄어 옵니다. 언어는 그저 언어이고 사회는 사회대로 굴러갈 거란 생각은 위험천만하고 안이한 것이었음을 왜 진작 몰랐을까요.

이런 표현들을 과연 표준어라고 인정하고 있는지 불확실하지만, 비속어적인 표현들에 대해서도 조금 살펴보았습니다.

　ㄱ. 아무개에게 혼났다

　ㄴ. 아무개가 갈군다

　ㄷ. 아무개가 쫀다

　ㄹ. 아무개에게 깨졌다

　ㅁ. 아무개, 그 인간 깬다(형용사)

　ㅂ. 아무개, 꼰대

직장이나 조직에서 흔히 발화되는 표현들로 골랐습니다. 두 가지의 흐름이 교차되고 있는 것을 발견할 수 있습니다. 행위라는 것이 가학 중심에서 피학 중심으로 옮겨 가고 있으며, 결과에 따른 충격파 혹은 후폭풍에 대한 부담감으로부터 시작되어 나중엔 비공식적 평가의 기준으로 행위의 정당성을 평가하려는 화자의 태도변화를 목격할 수 있습니다. 달리 말하자면, 누가 누구를 괴롭혔느냐보다 누가 누구에게 괴롭힘을 당하였느냐로 관심이 바뀌었다는 흐름과 무엇 때문에 괴롭혔느냐보다는 괴롭히는 건지 아닌지만 따지겠다는 또 다른 흐름을 읽어 낼 수 있는 것입니다.

이와는 별개로 다른 사회적인 변화양상을 간접적으로 발견할 수도 있습니다. 발언 내용이 청자(제3자) 중심에서 화자 중심으로 역전되는 과정이 그것이며 객관적 평가보다는 주관적 감정을 토로하는 것으로 바뀌어 가는 것도 이 변화와 함께 발을 맞추고 있다는 것을 짐작케 합니다. 또한 화자의 태도에 있어서도 시간이 흐를수록 수동형보다는 능동형을 선호하며 표현에 있어서도 소극적이기보다는 적극성을 띠려 합니다.

사회적으로 관심도를 높이는 흉악범죄자들의 단골 멘트가 있습니다. '처음부터 그럴 의도는 아니었다'는 말이죠. 그 말의 진위를 떠나서 무척 소름 끼치는 말입니다. 그 말로 인한 효과는 해석하기 나름이지만 저는 꽤나 심각하게 여깁니다. 그도 그럴 것이, 우리는 범죄에 의도치 않게 수시로 노출

되어 있다는 반증이기도 한 데다 가해자 혹은 피해자의 태도 변화에 따라 범죄 상황이 얼마든지 악화될 여지를 알려 주는 말이기도 하니까요. 제가 주목하는 건 의도적이냐 의도적이지 않느냐를 자기 자신이 어떻게 판별하느냐입니다. 가령, 아래에 보여지는 화자의 말만을 듣고 청자는 화자의 의도를 어디까지 파악할 수 있을까요?

'별 생각 없이 그냥 해본 말이야'
'그럴 의도로 한 말은 아니야'

그리고 이 두 문장은 얼마나 다른 건가요? 저는 잘 구분이 되지 않습니다. 이건 마치 '시끄러워'와 '조용히 해'라는 말의 차이 정도로 보입니다. 완전히 겹치지도 않고 빗겨 나가지도 않는 애매한 영역이 언어에는 덫처럼 여기저기 깔려 있습니다. 역시 언어를 헤치고 나가는 일은 어렵습니다. 수시로 쓰는 한국어이지만 그것의 민낯을 알아보기는 어렵습니다. 더구나 언어는 같은 함량의 의도를 정확하게 재어 사용하지도 않는다는 점을 상기해 보면 제가 괜한 엄살을 부리는게 아니라는 걸 여러분도 알게 될 겁니다.

상대방에게 문자를 보냈는데 확인하고서도 답장을 보내지

않는 걸 시쳇말로 '문자 씹었다'라고 하더군요. '씹는다'는 이 표현을 처음으로 들었을 때 너무 사나운, 볼썽사나운 표현이라고 여겼습니다. 제겐 지금도 익숙해지지 않는 표현 중의 하나입니다. 그런데, '빨았다'는 표현이 등장했을 땐 뭐랄까요, 그 퇴행적이고 변태적인 표현력에 치가 떨릴 정도였습니다.

ㄱ. 약 빨다
ㄴ. 꿀 빨다
ㄷ. 빨대(를) 꽂다

어떤 종류의 약인지는 모르겠으나 일단, 약성(藥性)을 빨아들여야만 제 능력을 발휘한다는 자조 섞인 표현으로 최대한 순화해서 이해하렵니다. 하기야 요즘 감기약은 빨아먹는 튜브(tube) 형태로 나오기도 하니 감기약으로 치부하는 편이 정신건강에 좋을 듯합니다. 감기약을 상상하면서 정신을 안정시키는 것도 색다른 경험이군요.

한편, 꿀 빤다는 표현에 대해서는 조금 안쓰러운 마음이 들기도 합니다. 패거리 문화에 지치고 기회주의로 일관하는 세태에 오죽 찌들었으면 이런 표현을 만들었을까 싶은 동정 심부터 듭니다. 야생곰이 목청이나 석청을 어렵사리 찾아내 꿀 빠는 것처럼, 행운이 드문 현실 속에서 순간 짜릿한 쾌감을 주는 정도로 사용한다면 그나마 다행이겠습니다.

그러나 빨대 꽂는다란 표현에 대해서는 곱게 봐줄 수만은 없습니다. 이건 분명히 타인이나 대상에 가해를 가하겠다는 표현에 다름 아닙니다. 부모에게 필요 이상으로 요구를 하는 패륜아를 다른 말로, '등골 브레이커(breaker)'라고 한다죠? 의미론적으로 상통하는 표현들입니다. 몇십 년 전만 하더라도 살아 있는 곰의 쓸개에 호스를 꽂아 그걸 빨아먹는 일이 있었습니다. 동물학대에 관한 법과 제도가 마련되어 사라진 이 흉악한 행태를 한국어는 고스란히 넘겨받은 모양새입니다. 곰 쓸개 대신에 어디에다 빨대를 꽂겠다는 것인지, 그 저의가 몹시 괘씸합니다.

우리가 의도적이든 의도적이지 않든 간에 일상적으로 사용하는 언어, 이 한국어부터 당장 눈여겨봐야 합니다. "생각이 말이 되고 말이 행동이 되며 행동이 습관이 되어 습관이 삶이 된다."는 표현도 있잖습니까. 우리에게는 최소 세 번의 기회가 주어집니다. 잘못된 생각을 고칠 기회와 그 생각을 말에 옮기지 않을 기회, 그리고 말을 행동화하지 않을 기회 말입니다. 한국의 생각과 방향을 제시하는 우리 한국어, 의

심의 송곳니를 수시로 박아 넣어야 하고 비판의 발톱을 세워 할퀴는 비판의식도 필요합니다. 문자나 씹어 대고 누구 등에다 빨대를 꽂아 꿀이나 빨면서 시간을 허비할 때가 아니라는 말씀입니다.

평소와는 다르게 출중한 기량이나 실력을 뽐내는 사람에게 '약 빨았다'고 하는 걸 칭찬으로 이해해서는 곤란합니다. 안타깝게도 한국은 더 이상 마약 청정국가도 아니며, 마약과 관련한 일련의 문제들로 사회가 시끄럽습니다. 이 '약 빨았다'는 표현이 정말 마약의 일반 보편화를 소리 높여 알리는 하나의 효시(嚆矢)역할을 하는 걸까요? 부디, 아니길 바랍니다. 마약을 거래하는 세계에서는 '얼음'을 마약을 지칭하는 은어(隱語)로 사용한다죠? 여름이 가까워져 올수록 그리고 얼음을 접할 때마다 더욱 소름이 돋게 될 것 같습니다. 그 끔찍한 걸 '깜찍하게 잘도' 표현했습니다. 주의하십시오. 방금 한 말은 칭찬이 아닙니다. 반어법(反語法)입니다.

* 부속

젊은 세대의 무분별한 은어, 비속어 사용은 기성세대의 책임이 큽니다. 저는 해놓은 것도 없는데 나이만 먹어 덜컥하니 기성세대가 되어 버렸네요. 다시 고쳐 말해야겠습니다.

'우리' 기성세대의 책임이 큽니다. 젊어 보이려고 어린 세대를 흉내 낼 줄만 알았지, 과오를 교정하려는 노력이 모자랐습니다. 후회합니다. 나이 듦에 대해서 초조할 줄만 알았지, 성숙함에 대한 진지한 고찰은 부족했습니다. 반성합니다. 활기가 부족한 건 모르고 겉으로만 쌩쌩해 보이려고 애썼습니다. 수치입니다. 더구나 동안 열풍에 편승한 나머지, 쓰는 어휘도 늙어 보이지 않으려 젊은 사람들이 내뱉는 말이라면 가리지 않고 열심히 주워 담았습니다. 기껏 차용하는 게 은어 아니면 비속어나 정체불명의 외국어 일색이었습니다. 굴욕적입니다.

경쟁이 날이 갈수록 심해지고 가속화되는 사회이기에 그랬습니다. 뒤떨어지면 안 된다는 그 조급함에 몰려서 무분별하게 살아왔습니다. 아무리 현실이 그렇더라도 그러지 말았어야 했습니다. 우리 부모님들이 우리에게 그랬던 것처럼, 우리는 자녀에게 '너희는 우리처럼은 살지 말아라'라고 해야 했습니다. 그런데, 우린 우리 부모님의 그 말씀을 까맣게 잊고 '너희에게는 요즘 어떤 게 먹혀드니'라며 자녀에게 되레 가르침을 구했습니다. 그리고는 이내, 우리 스스로 한 말에 잡아먹혔습니다. 스스로 의도치 않게 뱉어 낸 말의 아가리 속으로 터덜터덜 걸어 들어갔습니다.

고등학교 이하 학생들 사이에 횡행하는 말투를 '급식체'라고 합니다. 학생들은 그들이 사용하던 언어를 교정할 기회도 변변하게 얻지 못한 채 그대로 직장인이 됩니다. 그리고 직장인들 사이에 통용되는 말투, '급여체'로 전환합니다. 한국어 오염의 실상을 바로잡는 그런 세대는 이제 없다시피 합니다. 오직 말투를 따라가는 세대와 달아나는 세대로 나뉘어 갑니다. 사회가 언어를 만들기도 하지만 더러는 언어가 사회를 만들기도 합니다. 기성세대의 말이 자꾸만 젊은 세대를 뒤쫓으려 하면 할수록 젊은 세대의 말은 더 멀리 달아나거나 깊이 숨어 버립니다. 달아나는 세대는 가만 내버려 두십시오. 자중합시다. 잘못된 것을 바로잡으려 애쓰면 시간이 절로 흐를 겁니다. 시간이 많이 필요한 일입니다. 우리는 누구나 나이가 들고 병들거나 늙어 갑니다. 기성세대가 인격체로서 품위를 지키는 그 면모만 갖추어도 젊은 세대들이 알아서 감화되어 따를 것입니다. 따르도록 무엇을 조장하거나 계획하는 건 금물입니다. 의도는 이런 곳에서도 아무 쓸모가 없습니다. 우리 자신이 능동적인 존재임을 인정한다면, 타인의 능동성도 당연히 존중해야 합니다.

13. 언어의 회귀본능

연어는 강을 거슬러 저희들이 태어난 곳으로 회귀합니다. 연어 떼의 회귀장면, 그 장관을 가만히 지켜보노라면, 그 틈바구니에 섞인 한국어도 원래 있던 곳으로 돌아오는 모습이 종종 목격됩니다. 아주 드문 일이긴 해도 분명히 있는 일입니다. 그 누구의 도움도 없이 순전히 제 몸짓을 부려 돌아오더란 말이죠. 저는 그런 한국어가 신기하고도 대견했습니다.

* 계기

1993년 8월 한국에 소재한 대덕연구단지에서는 세계적인 행사를 앞두고 있었습니다. 모든 언론사들이 이 행사개최 소식을 앞다투어 방방곡곡에 실어 날랐으며, 이런 기회가 1988년 서울 올림픽 이후 한국에서 주어지는 것에 대해 전국은 잔뜩 들떠 있었습니다. 대전 세계 박람회, 엑스포(EXPO,

아무렇습니다, 한국어

Exposition)가 열리기 때문이었습니다. 그때만 해도 선진국 반열에 오르지 못한, 개발도상국 상황의 한국에서 과학행사 엑스포가 열린다는 건, 당시로서는 일종의 파격이었습니다. 그리고 한국어 역사상 있었던 두 번째의 언어에 관한 공식발표가 있는 시기였습니다. 첫 번째는 물론, 훈민정음 반포였을 테고요. 훈민정음과 비교하는 건 다소 무리가 있다는 거, 저도 잘 압니다. 하지만, 공식적으로 새 언어를 정부 차원에서 공식 발표하는 걸 저는 이 시기 이후로 아직 본 적이 없습니다. 저는 새로운 한국어의 탄생을 지켜봤습니다. 한국어가 공공연하게 발표되는 장면을 맞이하는 건, 신선한 경험이었습니다. 지금도 그리고 앞으로도 영원히 여러 분야에서 쓰일 언어의 화려한 등장이 있었습니다. 그것은 바로, '도우미'였습니다.

이 말이 본격적으로 공식 행사와 함께 사용되기 전에 통용되었던 말이란 고작해야 '이봐요' 혹은 '아가씨' 아니면 '안내양' 정도가 전부였습니다. 도우미는 '도움을 주는 사람'이라는 뜻으로 도움+이를 연음화하여 만든 남녀노소 누구나 쉽게 기억하고 쓸 수 있는 말입니다. 공식적으로 만든 말이니 가면 얼마나 가겠느냐는 냉소적인 반응도 있었으며, 일회용으로 그치고 말 것이라는 비관적인 견해도 있었습니다. 사회가 자발적으로 만들어 낸 말이 아니기에 그런 우려를 할 만했습니다. 그런데, 그런 우려와는 달리 보란 듯이 무병장수하고 있는 게 놀랍기만 하네요. 요즘 들어선 이 말이 없어서는 곤란한 분야가 한두 군데가 아닙니다. 여권신장과 더불어 이 말의 중요성은 나날이 약해질 줄을 모릅니다. 햇수로 27년째인 이 말의 쓰임새가 활용도 면에서 그 위력이 여전합니다. 밝고 건강한 분야로부터 음침하고 어두운 곳까지 이 말은 한국어 사회 곳곳에 두루 사용됩니다. 처음 이 말을 들었을 땐, 도우미 누나들이 엄청 창피하겠다 싶어 극도로 아껴 가며 사용했던 기억이 납니다. 행사장 여기저기를 다닐 때에도, 그냥 친구들과 "저기 봐, 저기! 저기 또 있잖아! 나, 오늘 도우미 일곱 번이나 봤다!"라며 무슨 야생 두루미라도 발견한 듯 신기해했던 기억이 아련합니다. 말이라는 게 그처럼 막강하더군요. 도우미를 볼 때마다 왠지 조심스럽고 일정 거리를 유지해야만 할 것 같은 마음이 들었습니다. 누가 시킨 것도 아닌데, 그 도우미라는 생소한 표현 하나로 저와 친구들은 무척 얌전하고 공손해졌습니다. 적어도 도우미 앞에서는 그랬습니다. 도우미들이 착용하는 모자도 꼭 두루미 머리처럼 자그맣고 매끄러운 곡선을 갖추었더랬죠.

다른 건 기억이 가물가물하지만, 유독 이 도우미라는 말은 퍽 인상적이어서 그 시기까지 몽땅 기억해 두고 있습니다. 발음상이나 표기상으로 볼 때에도 흠잡을 데 없이 훌륭하게 만들어졌습니다. 엑스포의 마스코트 이름이 '○돌이'던가 했는데, 행사 폐회식을 전후로 그 빛이 바랬습니다. 그래서 저는 누가 뭐래도 엑스포의 가장 큰 수확을 '도우미'의 탄생이라고 여깁니다. 무형의 자산이며 언어일 뿐이라서 경제적인 가치를 측정할 수는 없겠지만, '도우미' 말고 사회 분야에서 이만큼 독보적으로 활약하는 말을 대신할 표현을 저는 아직까지 못 봤습니다.

도우미의 성공적 활용사례와는 다른 예도 있습니다. '베이스캠프'를 한국어로 순화해 보려는 시도가 있었죠. 대안으로 나왔던 말 중의 하나가 '근원지(根源地)'였는데, 도우미에 비하면 정말 초라한 결과물이죠. 이미 존재하는 말인 데다가 순 한국말도 아닌 한자어가 순화의 결과물이라는 게 한국어 사용자의 입장에서는 개운치가 않은 겁니다. 만일, 사용하더라도 어쩔 수 없이 사용하면 몰라도 썩 내키지는 않겠죠. 게다가, 근원지라는 의미는 베이스캠프를 대신하기에는 그 의미하는 범위가 상당합니다. 근원지라는 말의 의미를 자칫 축소할 우려마저 있습니다. 불가피한 수준의 이유가 아니라면, 의미의 혼동을 막기 위해서라도 베이스캠프는 차라리 그대로 사용하는 게 낫겠습니다.

* 착상

간단한 테스트를 하나 진행하겠습니다. 믿음, 소망, 사랑 중에 제일(第一)은 무엇인가요? 대다수의 분들이 너 나 할 것 없이 '사랑'을 손꼽았으리라 예상합니다. 저는 이 결정에 반대합니다. 제가 생각하는 셋 중의 제일은 단연코 '믿음'입니다. 믿음이 없인 소망도 없고 사랑은 더더욱 불가능하다는 것이 제 견해입니다. 그래서 믿음이 무엇보다 우선입니다.

몸이 좀 풀렸다면, 다음 테스트로 넘어갑니다. 인물을 평가하는 데에는 많은 기준이 있습니다. 과거에도 인물평에 대해 여러 가지 시도를 해왔습니다. 지금은 뜸하지만 예로부터 알려진 것 중 '신언서판(身言書判)'이라는 것이 있습니다. 외모, 언변, 작문, 판단력으로 인물됨을 평가하겠다는 겁니다. 네, 여러분은 제가 말씀드리려는 것을 눈치챘을 줄로 믿습니다. 정답은 굳이 밝힐 필요도 없겠습니다. 그렇습니다. 옛날에도 '외모'가 나머지 것들보다 먼저였습니다. 그다음에 언변, 작문, 판단력이 뒤를 잇습니다. 이놈의 외모지상주의는 예나 지금이나 한결같네요. 뭐, 생소한 이야기도 아니잖습니까? 이토록 유서 깊은 미모 선착순은 현대사회를 사는 우리에게도 시사하는 점이 있을 듯합니다.

지금 같은 시대에 아이돌(idol)이 갖는 사회 파급력은 그 초 창기와는 비교가 안 될 정도로 막강하며 방대합니다. 외모는 명실공히 대중의 사랑을 받았으니 가뿐히 테스트를 통과한 셈입니다. 언변이야 컨셉트(concept)에 맞춰 단정하고 누가 보 더라도 모범적이거나 무난한 내용으로 일관합니다. 그리고 SNS의 시대를 맞아 작문실력과 성의 있는 댓글 달기는 팬관 리 차원에서도 결코 소홀히 하지 않습니다. 자신들의 성공담 을 책으로 출간하는 일도 추진합니다. 공공연한 자리에 초청 받아 공신력 있는 발언을 할 기회도 주어집니다. 명예대사로 추대되는 일도 빈번하군요. 옛말에 불과하다고 생각했던 '신 언서판'의 위력은 지금 세대의 아이돌 문화에 대입하더라도 잘 맞아떨어집니다. 설마, 이런 방식으로 신언서판이라는 인 물평이 아이돌의 출현을, 그 영향력을 예견했다고는 믿을 수 없습니다. 그건 순 억측입니다.

그렇다면 지금과 같은 아이돌 팬덤 문화는 언제부터였다 고 할 수 있을까요? 신언서판이 예언(?)했던 그 초창기를 감 히 점쳐 보고자 합니다. 지금과 같은 아이돌의 출현은 아무 래도 춤이 결정적이었다고 할 수 있습니다. 가만히 서서 가 창력만으로 승부를 걸던 가수들에 권태를 느낀 대중을 단번에 사로잡은 건 현란하고 신나는 춤사위였습니다.

일단 춤이라고 하면 크게 두 가지로 나뉘어집니다. 한국인에게 있어서 춤은 과거로부터 전해지는 것과 외국에서 새로이 도입되는 것 사이에서 어느 한 쪽을 선택해야만 했으며 이러한 고민은 지금도 유효합니다. 그간 두 영역을 한데 모으려는 시도가 있었지만 괄목할 만한 성과를 보여주지는 못했습니다. 예술적으로 성공을 거둔 몇몇의 사례들도 대중에게까지 사랑을 받은 경우는 희박했습니다. 이런 관점에서 보면, 춤은 언제나 대중성을 예비하는 것은 아니라는 생각부터 듭니다. 아무나 출 수 있는 그런 춤 말고 전문적으로 춤추는 사람들에 관한 한국어의 변화를 한번 들여다보겠습니다. 춤을 추는 것 하나만을 직업으로 삼는 사람들을 부르는 말은 대략 아래와 같은 변천사를 보여줍니다.

ㄱ. 무희(舞姬)

ㄴ. 무용단(舞踊團)

ㄷ. 댄서(dancer)

ㄹ. 백댄서(background dancer)

ㅁ. 춤꾼

아무렇습니다, 한국어

춤추기는 처음엔 주로 권력자 혹은 권력을 점유하는 소수 집단을 향해 유흥을 돋우기 위한 목적성 직업으로 시작했습니다. 그러던 것이 권력의 변화 및 이동을 겪으면서 점차 특정 권력층보다 지불능력이 있는 일반대중의 기호에 맞추는 식으로 변합니다. 그리고 전통춤이나 민속춤보다 외국에서 수입된 동작들이 주를 이루면서 직업명조차 영문화하고 특성화된 전문분야로 점차 인정받습니다. 결국, 춤에 대한 비중이 가수층을 향해 요구되면서 아이돌이라는 최종진화를 겪습니다. 그런데, 이 단계에서 도입된 춤에 대한 독보적인 해석이 이루어지기 시작합니다. 그리고 각종 춤과 관련한 세계대회를 한국인들이 석권하면서 단순히 고난이도 춤기술을 경쟁하는 것만으로는 무리가 있다는 것을 깨닫습니다. 춤 세계에 창의적인 부분이 필수적인 부분으로 대두됩니다. 또한, 새롭고 기발한 동작들을 선보이는 것이 춤실력을 가르는 새 기준점을 마련합니다. 이제 춤은 어떤 춤을 틀리지 않게 추느냐보다는 춤을 어떻게 표현하며 새로운 감흥을 제공하느냐로 그 평가가 이루어집니다. 사람들은 점차 춤에 대한 깊은 이해력과 순발력 그리고 대중을 감탄시킬 만한 표현력이 고루 갖추어진 그런 이들을 추앙하고 인정합니다. 특정한 춤에 얽매이지 않으면서도 동시에 어떤 춤이든 개성 넘치게 소화하는 경지에 다다른 이에게 사람들은 경외와 찬사를 보냅니다. 춤의 이름으로는 한정시키지 못할 그들을 일컬어 '춤꾼'이라고 부릅니다. 이제 '-꾼'이라는 말은 자기 분야에서 가장 열정적으로 활동하며 잠재력 충만한 사람을 가리키는 말로 변신을 꾀하고 있습니다. 비록 그 시작은 목적이었을지언정 결과에 다다르는 과정을 감명 깊게 보여주는 춤 분야의 종사자들, 대중으로부터 존경과 찬사의 지위를 받는 지금에 이르렀습니다. 한국어는 온고지신(溫故知新)의 한 사례를 이 '춤꾼'이라는 말 한마디로 증명하는 데 성공했습니다.

'춤'이라는 이 말이 한글로 돌아오기까지의 여정을 간략하게 살펴봤습니다. '추다'의 명사형에 지나지 않는 기호학적 의미 이상의 의미를 부여받고 화려하게 재기한 우리의 한국어입니다. 제 개인적으로 바라는 건, 이 '춤'이라는 말과 글이 전 세계에 한국문화의 표현방법으로 자리매김하는 것입니다. 문화는 고유어휘와 함께 수출될 때 그 위력과 지속력을 갖습니다. 그것이 설령 일시적인 아이돌 팬덤이라고 해도 더 깊이 있는 한국을 이해하는 마음으로 번져 나가길 기원합니다. 결국, 한국문화는 언어를 갖춰 입고서야 세계라는 무대 위로 뛰어오르는 것임을 믿어 의심치 않습니다.

* 해소

ㄱ. 춤+권력 ⇒ 무(舞)

ㄴ. 무(舞)+대중 ⇒ 댄스(dance)

ㄷ. 댄스(dance)+개성 ⇒ 춤(춤꾼)

춤을 직업으로 삼는 면에 국한해서 살펴보면, 권력의 이동과 사회의식의 변화를 따라, '춤꾼'이 현대사회에 재등장한 것은 어쩌면 당연하게만 보일 수 있습니다. 보기와는 다르게, 특정표현의 복귀가 이렇듯 재해석이라는 의미를 품고 이루어지는 것은 희귀한 일입니다. 여기서 잠깐, 춤에 대해서 접근하는 시각을 잠시 전환하겠습니다. 어휘 자체에 대한 재평가는 나중으로 미루고 언어 자체의 역동성과 관련한 변화상을 겸하여 이 문제를 살펴보면 '춤'의 역동적인 서사를 발견하게 됩니다.

춤은 누구나 흥겨움을 나타내기에 가장 스스럼이 없는 어휘입니다. 거기에는 권력도 지배구조도 작용할 수 없습니다. 그런 점에서 춤을 권력층의 향유문화로 가져오는 데에는 장벽이 작용합니다. 그래서 무(舞)로의 어휘변화는 춤에 권력화를 꾀한 결과물인 것입니다. 여기엔 춤이라는 용어를 그대로 옮겨서는 안 될 중요한 명분이 작용합니다. 권력화하는 춤은 그래서 지배층이 사용하는 용어 '舞'를 그 대체물로서 활용했습니다. 이는 춤에 대한 새로운 의미부여를 하는 일련의 과정으로 해석됩니다.

舞에 대한 것은 국가의식이나 종묘제례 혹은 종교행사 등에서 그 엄숙함과 형식성 때문에 대중에는 깊은 인상을 심어주지 못했습니다. 단지, 의례행사의 일환으로 그 명맥을 간신히 이어 왔다고 봐야 합니다. 한국은 지배권력 구조의 재편 그리고, 민주주의라는 새로운 정치체제로 사회가 변화하면서 서구문화에 대한 수입도 활발해집니다. 舞에 대한 명맥을 잇기보다는 새로운 대중문화의 향유문화가 필요했고 댄스(dance)는 여기에 가장 적합한 문화용어로 자리 잡습니다.

생활수준이 일약 선진국 수준으로 도약한 한국사회는 다양성를 추구하고 개성을 존중하는 문화로 변모합니다. 그 과정 중에서 답습보다는 해석을, 모방보다는 창의에 더 가치를 두게 됩니다. 급속한 IT기술 발달에 힘입어 자기표현 욕구의 폭발과 공유매체의 다양화는 누구나 커버댄스(cover dance)의 주인공이 가능하도록 부추겼습니다. 대중은 늘 춤을 요구하면서도, 단체 안무를 넘어서는 영역을 희구했는데 이를 만족할 만한 이들은 춤의 새로운 경지를 개척합니다. 이들이 이른바 춤꾼입니다.

한편, 춤을 뜻하는 표현들에 대한 재평가가 이뤄지는데 그
과정은 아래와 같습니다.

ㄱ. 춤: 진부함 ⇒ 무(舞): 참신함

ㄴ. 무(舞): 진부함 ⇒ 댄스(dance): 참신함

ㄷ. 댄스(dance): 진부함 ⇒ 춤(춤꾼): 참신함

이렇듯이, 참신함과 진부함은 서로 역수관계이면서도 고
정적이지 않습니다. 상대적입니다. 시대가 추구하는 방향과
같은 선상에 서면 참신함으로 해석되다가도 역행하면 진부
함으로 추락합니다. 이 과정이 수차례 회전하면서 물구나무
의 물구나무를 서면 바로서듯이, 번복된 형태로의 복귀를 의
도치 않게 우리에게 보여줍니다. 이를 두고 사필귀정(事必歸
正) 정도로 해석하는 건 무리가 있는 발상입니다. 왜냐하면,
'춤'을 뜻하는 말의 변천사는 여전히 진행 중이며 언제든지
현 상황은 재역전을 예비하고 있기 때문입니다.

＊부속

저는 영문 모를 줄임말이나, 설명하기에 민망한 표현들을

달가워하는 편이 아닙니다. 아무리 외국어라고 해도 원래 어법에 맞게 제대로 구사하는 것이 그 언어를 모국어로 사용하는 이들을 위한 최소한의 예의라고 여깁니다.

오늘날에는 신생어가 시대흐름에 포함되느냐 마느냐를 두고 말들이 많은 것 같습니다. 요즘 사람들은 대세를 알고 소속이 인정되는 인싸(insider)와 그렇지 않은 아싸(outsider)로 나뉜다고 합니다. 참으로 편한 이분법적 행태입니다. 솔직히, 그 어느 쪽에도 속하고 싶지 않습니다. 저는 인싸도 싫고 아싸도 싫습니다. 하나같이 마다하고픈 줄임말입니다. 그 표현마저도 제겐 탐탁치 않습니다. 둘 중 어느 하나라도 반드시 선택하라고 하면 저는 이전부터 개인적으로 마련해 둔 영역으로 잠적해 볼까 합니다. 제가 장차 머무를 그곳은 인싸도 아니고 아싸도 아닌, '그럴싸'입니다. 어떻습니까? 정말 그럴싸하지 않습니까? 여러분도 단순무지한 흑백논리에 휘둘리지 말고 저와 함께 그럴싸하게 대충 세상에 걸쳐서 살아갈 것을 권합니다.

저의 고단하고도 무모했던 시도도 어느덧 종착지를 향해 달려갑니다. 저는 이 시점에서 뜸을 들이고자 합니다. 본래, '뜸'은 본 과정이 끝난 이후에나 들이는 겁니다. 밥이 다 되어 갈 때에 뜸을 들이는 게 정상이지 밥이 되기도 전에 뜸부

아무렇습니다, 한국어

터 들이는 건 순서에 맞지 않습니다. 따라서 시중에 나도는 표현 '뜸부터 들인다'는 건 잘못되어도 한참 잘못된 표현입니다. 여기서 제가 들이려는 뜸이란 별 건 아니고 신규 브랜드 런칭 행사 정도로 이해하면 되겠습니다. 제가 비밀리에 준비 중인 브랜드 네이밍은 내용 소개 이후에 확인하십시오.

ㄱ. 새로운 패션 트렌드룩입니다. 유명해질수록 우울증에 시달리던 중 자신의 별난 트라우마를 패션에 접목시킨 천재 디자이너 'Shiemooh'가 대중 앞에 과감히 나섰습니다. 신비주의를 벗고 나선 그의 첫걸음에 다들 환호할 준비되셨나요?

ㄴ. 세계적 어패럴 브랜드인 베네통에 밀려 아동복으로 겨우 그 명맥을 잇는 국가대표 브랜드입니다. 아이들은 이 브랜드 제품군을 혐오하지만 부모들에게는 선풍적인 인기를 끄는 양가적인 특징이 있습니다. 아이들에게 입혀 놓으면 그 특유의 반항적인 표정이 배어 나오며 양 볼이 사랑스럽게 부풀어 오르는 것으로 유명한 브랜드입니다.

ㄱ. Shiemooh look(시무룩)

ㄴ. Pieyorotong(삐로통)

맺는 말

알 만한 사람은 모두 아는 사실이 있습니다. 콩나물국을 잘 끓이려면 콩나물국이 어떻게 끓어 가고 있는지 절대 엿보면 안 된다는 사실을요. 콩나물국 꽤나 끓여 본 사람이라면 다 알고 있는 공공연한 비결입니다. 콩나물국은 특별하고 싶어서 신비주의로 일관하는 게 아닙니다. 콩나물국의 컨셉트에 그런 건 없습니다. 다만, 뚜껑을 중간에 한 번이라도 열어젖혔다간 반드시 비린내를 풍겨 버리고야 마는 콩나물의 고약한 초능력만 확인하게 될 겁니다. 콩나물은 자신도 모르는 비린내의 능력을 보유했습니다. 생선도 아니면서 말이죠. 단한 번의 무심코 한 행동이 콩나물국을 역겹도록 만들 수 있다는 사실을 우린 알아야만 합니다. 콩나물국을 맛있게 끓여주는 것은 재료가 아닙니다. 재료가 갖추어지고 투입되는 것으로 모든 콩나물국 끓이기가 성공하는 건 아니라는 뜻입니

아무렇습니다, 한국어

다. 물론, 핵심적인 재료는 필수적입니다. 그러나 성공요소는 조리 과정에서 결정됩니다. 알 수 없는 과정에다가 알아서는 안 될 과정까지 포함해서요.

아무렇습니다, 한국어

뻔하지 않게 뻔뻔하게 읽힌다

글 라기엔
발행일 2019년 7월 30일 초판 1쇄

발행처 다반
발행인 노승현
출판등록 제2011-08호(2011년 1월 20일)
주소 서울특별시 금천구 가산디지털1로 24 503호
　　　(가산동, 대륭테크노타운13차)
전화 02) 868-4979　　**팩스** 02) 868-4978

이메일 davanbook@naver.com
홈페이지 davanbook.modoo.at
블로그 blog.naver.com/davanbook
페이스북 www.facebook.com/davanbook
인스타그램 www.imstagram.com/davanbook

ISBN 979-11-85264-37-0 03710

다반−일상의 책